AIDE-MÉMOIRE

PAR A. CALMETTE,

CHEF DE BUREAU A LA PRÉFECTURE DE LA HAUTE-LOIRE.

PRIX : 2 FRANCS. — PAR LA POSTE, 2 FRANCS 50 C.

SE TROUVE :

Au Puy, chez M.-P. MARCHESSOU, imprimeur, successeur de GAUDELET, rue Grangevieille.

Avril 1856.

AIDE-MÉMOIRE

A L'USAGE DES EMPLOYÉS DE LA PRÉFECTURE DE LA HAUTE-LOIRE,

COMPRENANT :

1° L'arrêté réglementaire des bureaux du 25 avril 1855;

2° La répartition normale des services entre les divers bureaux ;

3° La date des Lois, Décrets, Ordonnances, Instructions, Arrêtés, etc., régissant chaque matière ;

4° L'indication des ouvrages ou documents spéciaux qui y ont trait;

5° Un tableau des envois périodiques à faire aux divers Ministères, avec la date des instructions ministérielles qui les prescrivent;

6° Une table alphabétique des services remis aux bureaux;

PAR A. CALMETTE,

Chef du Bureau de l'Administration générale.

TYPOGRAPHIE M.-P. MARCHESSOU, SUCCESSEUR DE GAUDELET, RUE GRANGEVIEILLE.

1856.

A M. DE CHEVREMONT,

Préfet du département de la Haute-Loire, Chevalier de l'Ordre impérial de la Légion-d'Honneur et Commandeur de l'Ordre de Saint-Grégoire-le-Grand.

MONSIEUR LE PRÉFET,

Tout le mérite que peut avoir le travail que j'ai l'honneur de mettre sous vos yeux vous appartient ; c'est vous qui l'avez inspiré et qui avez daigné le diriger. Il est donc bien naturel que je vienne vous prier de vouloir bien en accepter l'hommage.

L'*Aide-Mémoire* est surtout destiné à faciliter à mes collègues, ainsi qu'à MM. les Maires, les recherches toujours pénibles que nécessite l'étude des affaires administratives, et, à cette fin, j'ai rappelé, à côté de chaque matière spéciale, la date des Lois, Décrets, Ordonnances, Instructions, Arrêtés, etc., qui la règlementent, et, souvent aussi, j'ai indiqué, dans une dernière colonne, les ouvrages ou documents les plus importants qui y ont trait.

Sans doute, ce travail présentera encore, malgré tout le soin que j'ai apporté à l'établir, de trop nombreuses lacunes; mais il sera extrêmement facile à MM. les fonctionnaires entre les mains desquels il sera placé de les faire disparaître par des annotations faites à la main, et de tenir l'*Aide-Mémoire* toujours au courant, en modifiant chacune de ses parties au fur et à mesure des modifications survenues dans la législation qui lui est applicable.

Daignez agréer, je vous prie,
Monsieur le Préfet,
l'assurance de mon respectueux dévouement,

A. CALMETTE.

(C)

BIBLIOGRAPHIE GÉNÉRALE.

N. Bacqua. — Codes de la législation française.

A. Blanche. — Dictionnaire général d'administration.

A. Blanchet. — Code administratif ou recueil méthodique des lois et ordonnances en vigueur sur l'administration et le contentieux.

M. Block. — Dictionnaire de l'administration française.

Bouriaud. — Traité pratique d'administration départementale et communale.

Bulletin des arrêts de la Cour de cassation.

Bulletin des Lois.

Bulletin officiel du ministère de l'Intérieur.

Carrette. — Lois, décrets, ordonnances et avis du Conseil d'Etat depuis 1789, avec notes et commentaires.

Chaureau, Adolphe. — Code d'instruction administrative.

Circulaires et *instructions* émanées du ministère de l'Intérieur, de 1790 à 1838.

De Cormenin. — Droit administratif.

Crozet. — Procédure administrative.

Dalloz aîné. — Jurisprudence générale ou répertoire méthodique et alphabétique de législation, de doctrine et de jurisprudence, recueil périodique.

Dalloz, Armand. — Dictionnaire général et raisonné de jurisprudence en matière civile, commerciale, administrative.

G. Dufour. — Traité général de droit administratif appliqué.

Duvergier. — Collection complète des lois, décrets, règlements et avis du Conseil d'Etat.

Ecole des communes. — Bulletin du contentieux, revue administrative depuis 1832, recueil mensuel.

Favart de Langlade. — Répertoire de la nouvelle législation civile, commerciale et administrative.

Foucart. — Eléments de droit public et administratif.

De Gerando. — Institutes de droit administratif.

Germain, Roche et Lebon. — Recueil général des arrêts du Conseil d'Etat.

Journal des communes et des établissements de bienfaisance depuis 1828, recueil mensuel.

Journal des Conseillers municipaux depuis 1833, recueil mensuel.

Journal de droit administratif depuis 1852, recueil mensuel.

Laferrière. — Cours de droit public et administratif.

Lepec. — Bulletin annoté des lois, ordonnances, décrets, arrêtés, etc., depuis 1789.

Albert Lerat de Magnitot et Huard-Delamarre. — Dictionnaire de droit public et administratif.

Macarel. — Cours de droit administratif.

Macarel et Boulatignier. — De la fortune publique en France et de son administration.

Macarel, Deloche, Beaucousin et Lebon. — Recueil des arrêts du conseil, ou ordonnances royales et décrets rendus en Conseil d'État sur toutes les matières de contentieux administratif, depuis 1821.

Miroir et Jourdan. — Formulaire municipal.

Proudhon. — Traité du domaine public.

Répertoire administratif, recueil mensuel, depuis 1834.

Revue administrative, journal des administrations centrales et départementales, de 1840 à 1819.

Serrigny. — Questions et traités de droit administratif.

Solon. — Code administratif annoté,

Trolley. — Traité de la hiérarchie administrative ou de l'organisation et de la compétence des diverses autorités administratives.

Wolowski. — Revue de législation et de jurisprudence, recueil mensuel.

PRINCIPALES ABRÉVIATIONS.

Arr. cons. d'Et.	Arrêté du conseil d'Etat.
Arr. cass.	Arrêt de la cour de cassation.
Arr. Gouv.	Arrêté du Gouvernement.
Arr. min.	Arrêté ministériel.
Av. cons. d'Et.	Avis du conseil d'Etat.
Bul. of.	Bulletin officiel du ministère de l'Intérieur.
C.	Circulaire du ministère de l'Intérieur.
C. A.	Circulaire du ministère de l'Agriculture.
C. A. et T. P.	Circulaire du ministère de l'Agriculture et des Travaux publics.
C. adm. forest.	Circulaire de l'administration forestière.
C. C.	Circulaire de l'administration des cultes.
C. F.	Circulaire du ministre des Finances.
C. G.	Circulaire du ministre de la Guerre.
C. Inst. p.	Circulaire du ministre de l'Instruction publique.
C. J.	Circulaire du ministre de la Justice.
C. M.	Circulaire du ministre de la Marine.
C. P. G.	Circulaire du ministre de la Police générale.
C. T. P.	Circulaire du ministre des Travaux publ.
Cod. com.	Code du commerce.
Cod. forest.	Code forestier.
Cod. Nap.	Code Napoléon.
Cod. pén.	Code pénal.
D.	Décret.
Décis. min.	Décision ministérielle.
Ecol. des com.	Ecole des communes.
Journ. des com.	Journal des communes.
Journ. de droit adm.	Journal de droit administratif.
Inst.	Instruction.
L.	Loi.
O.	Ordonnance.
p.	Page.
Part.	Partie.
Rev. admin.	Revue administrative.
Régl.	Règlement.
V°	Verbo, au mot.
V[is]	Verbis, aux mots.

Ire PARTIE.

ARRÊTÉ RÉGLEMENTAIRE DES BUREAUX.

Le Puy, le 25 avril 1855.

Le Préfet de la Haute-Loire, Chevalier de l'Ordre Impérial de la Légion-d'Honneur,

Désirant donner à l'action administrative, dès son point de départ dans le département, une base solide dans une organisation forte et régulière des bureaux de la préfecture ;

ARRÊTE :

CHAPITRE Ier. — ORGANISATION DES BUREAUX ET RÉPARTITION DES SERVICES.

ART. 1er. — Les bureaux de la préfecture sont divisés ainsi qu'il suit :

Cabinet du Préfet.
Secrétariat-général.

1re Division. — 1er BUREAU. — *Administration générale.*
2e BUREAU. — *Administration communale.*

2e Division. — 1er BUREAU. — *Travaux publics et affaires militaires.*
2e BUREAU. — *Finances.*

ART. 2. — Les services sont répartis entre les bureaux conformément au tableau ci-après (*Voir la IIe Partie*).

CHAPITRE II. — PERSONNEL DES BUREAUX.

ART. 3. — Le personnel des bureaux se compose de :

1 chef de cabinet ayant rang de chef de division ou de chef de bureau.
2 chefs de division.
4 chefs de bureau, dont 2 de 1re et 2 de 2e classe.
3 commis d'ordre.
6 expéditionnaires, dont 3 de 1re et 3 de 2e classe.
Surnuméraires, auxiliaires et attachés, sans limitation de nombre.

Un chef de bureau par division peut être remplacé par un employé au titre de « Rédacteur » ; dans ce cas, le chef de la division fait les fonctions de chef de ce bureau.

ART. 4. — Les gens de service sont :

1 concierge. — 1 huissier de salle. — 1 garçon de bureau.

ART. 5. — Les employés sont répartis entre les bureaux ainsi qu'il suit :

CABINET ET SECRÉTARIAT GÉNÉRAL. — 1 chef de cabinet. — 1 commis d'ordre. — Les surnuméraires, auxiliaires et attachés.

1re DIVISION. — 1 chef de division.

1er *Bureau.* — 1 chef de bureau, 2 expéditionnaires.
2e *Bureau.* — 1 chef de bureau, 1 expéditionnaire, 1 commis d'ordre.

2e DIVISION. — 1 chef de division.

1er *Bureau*. — 1 chef de bureau, 1 expéditionnaire, 1 commis d'ordre. | 2e *Bureau*. — 1 chef de bureau, 2 expéditionnaires.

La répartition des commis d'ordre entre les bureaux des deux divisions n'est indiquée ici que pour mémoire; elle varie suivant les circonstances et est réglée par des décisions spéciales.

ART. 6. — Les traitements des employés sont déterminés ainsi qu'il suit :

Chefs de division	2,400f »c	Commis d'ordre	1,200f »c
Chefs de bureau de 1re classe	2,000 »	Expéditionnaires de 1re classe	1,000 »
Chefs de bureau de 2e classe	1,800 »	Expéditionnaires de 2e classe	720 »

L'employé qui fait les fonctions du grade supérieur, soit pendant un intérim, soit à titre d'épreuve, reçoit une indemnité qui peut aller jusqu'à la moitié de la différence entre les deux grades.

ART. 7. — Une somme de 2,420 fr., par prévision, est affectée au paiement des gens de service. Ils portent une tenue uniforme, suivant ce qui est réglé pour chacun d'eux; cette tenue est à leurs frais.

ART. 8. — Lorsqu'un emploi devient vacant, s'il n'y est pas pourvu directement, un concours est ouvert entre les candidats, soit des bureaux, soit du dehors, admis par le Préfet. Les épreuves sont subies devant une commission présidée par le Secrétaire-général et composée, s'il s'agit d'un emploi de chef de division, de deux Conseillers de préfecture; s'il s'agit d'autres emplois, de deux chefs de division.

Le Préfet prononce après avoir entendu le rapport de la commission.

L'épreuve du concours n'est jamais exigée pour passer d'une classe à une autre du même grade.

ART. 9. — Il est tenu au secrétariat-général un registre-matricule (modèle n° 1), présentant, à l'article de chaque employé, les renseignements sur son âge, son lieu de naissance, sa position antérieure à son entrée dans les bureaux, la date de sa nomination, son premier grade, le service où il est employé, son traitement et les mutations successives. Ce registre sert à établir les états de service exigés pour la liquidation de la retraite ou réclamés pour toute autre cause.

ART. 10. — Des commissions, formant titre de nomination (modèle n° 2), sont délivrées à chaque employé et renouvelées quand il passe d'un grade ou d'une classe à une autre. Elles rappellent les fonctions et services antérieurs de l'employé, tels qu'ils sont établis au registre-matricule.

ART. 11. — Les peines disciplinaires sont infligées par le Préfet, sur le rapport du Secrétaire-général, les chefs de division entendus ou sur leur proposition.

Ces peines sont : la réprimande simple par le Préfet ou le Secrétaire-général, la réprimande avec mise à l'ordre des bureaux, les retenues sur les appointements, l'abaissement de classe ou la descente à un grade inférieur, la suspension, la révocation.

Toutes ces peines, sauf la première, sont mises à l'ordre des bureaux.

ART. 12. — Les traitements sont payés le 1er de chaque mois, au secrétariat-général, sur un état (modèle n° 3) arrêté par le Préfet, et présentant le calcul des retenues faites au profit de la caisse des retraites et le net à payer à chaque employé. Cet état est reporté sur un registre spécial, lequel est émargé par les employés.

CHAPITRE III. — FONCTIONS DES EMPLOYÉS DES DIVERS ORDRES.

ART. 13. — Les chefs de division travaillent avec le Préfet, reçoivent ses instructions, les transmettent aux chefs de bureau et leur donnent les leurs propres, se réservent certaines affaires ou certains services, réunissent le travail journalier des bureaux, le revoient et le présentent au Préfet.

Ils entretiennent l'activité des employés, veillent à leur exactitude et à leur bonne tenue, assurent l'expédition régulière des affaires et le maintien de l'ordre dans les dossiers des affaires courantes et les archives conservées dans la division.

Ils remettent tous les mois au Secrétaire-général des notes sur la manière dont chaque employé s'est acquitté de ses fonctions.

Art. 14. — Les chefs de bureau ont la responsabilité du travail de leurs bureaux, indépendamment de celle des chefs de division. Ils travaillent habituellement avec leur chef de division, et, quand ils y sont appelés, avec le Préfet.

Art. 15. — Dans les affaires où le Préfet n'a pas fait connaître sa pensée, si une diversité d'opinion se produit et se maintient entre le chef de division et le chef de bureau, ce dernier peut demander que ses propositions soient soumises au Préfet avec les observations du chef de division.

Art. 16. — Les expéditionnaires attachés à un bureau sont sous la direction immédiate du chef de ce bureau, qui leur distribue le travail, le leur fait exécuter et surveille l'emploi de leur temps. Quoique placés spécialement dans un bureau, ils sont, en principe, solidaires du travail d'expédition pour les bureaux en général. Pour un travail d'urgence, ils peuvent être réunis tous ou en partie au secrétariat-général pour y être employés à ce travail.

CHAPITRE IV. — Ordre du travail.

Art. 17. — Les heures ordinaires de travail des bureaux sont de 9 heures du matin à 4 heures du soir, sans interruption, sauf pour le secrétariat-général, qui s'ouvre à 8 heures et ferme à 5 heures, avec une heure d'interruption dans la matinée.

Art. 18. — Quand l'arriéré d'un bureau ou d'une division, ou un travail extraordinaire paraissent l'exiger, un ordre, inscrit au registre des ordres généraux, fixe pour un temps aux bureaux ou à une partie des bureaux des heures supplémentaires.

Art. 19. — Le secrétariat-général est le centre commun des bureaux. Aucune pièce ne doit arriver dans ces derniers ni sortir de la préfecture autrement que par l'intermédiaire du secrétariat-général.

Art. 20. — Les dépêches, à l'arrivée, après avoir été ouvertes au cabinet, sont remises au secrétariat-général; elles y sont réparties par divisions et bureaux, frappées d'un timbre indiquant le jour d'arrivée, la division, le bureau et le numéro d'ordre, et enregistrées avec la mention du nombre de pièces jointes, d'abord sur des bordereaux par bureau, dits de transmission (modèle n° 4), puis sur le registre d'arrivée même (modèle n° 5). Elles sont inscrites et analysées à la suite l'une de l'autre, sous une même série annuelle de numéros, sans autre ordre que l'ordre des divisions et des bureaux et, autant que possible, celui des autorités d'où émanent les dépêches, en commençant par la correspondance ministérielle.

L'analyse de la correspondance sur les bordereaux de transmission et sur le registre d'arrivée est faite dans les termes indiqués à l'art. 36 ci-après,

Les affaires confidentielles réservées au cabinet du Préfet ont un enregistrement à part.

Art. 21. — Les affaires se rattachant aux services ci-après ne sont pas enregistrées au secrétariat-général, mais seulement frappées du timbre d'arrivée :

Documents statistiques et autres demandés à l'ensemble des communes, comme états de mouvement de la population, listes électorales, rôles de la rétribution scolaire, etc.;

Permis de chasse, passe-ports, mouvement individuel des condamnés libérés, mercuriales;

Budgets et comptes communaux; arrêtés sur les comptes;

Tableaux de recensement, pièces justificatives pour exemption et remplacement;

Alignements et autorisations de réparer, procès-verbaux de délits de grande et petite voirie;

Rôles des contributions, rôles des prestations, réclamations, décharges, réductions, remises et modérations, indemnités pour pertes;

Ordonnances de délégation, mandats, pièces justificatives de dépenses.

Toutes ces affaires sont classées à part; elles doivent être enregistrées dans les bureaux compétents aussitôt après qu'elles y ont été remises, sur des registres spéciaux présentant, en diverses colonnes, la série d'actes d'information et les décisions auxquelles elles donnent lieu.

Art. 22. — Lorsqu'une dépêche à l'arrivée est la réponse à une dépêche émanant des bureaux et qu'elle rappelle le numéro qu'avait reçu, à la préfecture, la dépêche répondue, ce numéro est reproduit, dans l'enregistrement par le signe suivant mis dans la colonne d'observations : *R. N°..... D. (Réponse au n°..... du registre de départ).*

Une mention analogue *V. R. N°..... A. (voyez la réponse au n°..... du registre d'arrivée),* portée sur le registre de départ, constate que le correspondant de la préfecture a répondu à la lettre et met à même de connaître sa réponse.

Art. 23. — Tous les matins, après l'enregistrement du courrier du jour, le registre d'arrivée est mis sous les yeux du Secrétaire-général.

Art. 24. — Il est tenu une table des enregistrements faits au registre d'arrivée. Cette table est établie d'après les principes suivants :

Les affaires intéressant l'administration communale sont portées à une table alphabétique des communes. Chaque affaire y est indiquée par son numéro d'arrivée seulement.

Les affaires intéressant un ou plusieurs individus, sans que l'intérêt communal entre en rien dans les éléments de l'affaire, sont enregistrées à une table alphabétique sous le nom de l'individu intéressé, lequel nom est suivi du numéro de l'affaire à l'arrivée.

Les affaires qui intéressent à la fois une commune et un individu, sont portées à chacune des deux tables qui précèdent.

Les affaires qui proviennent d'un ministère, d'une préfecture ou d'un service spécial sont portées à l'article spécial de ce service, de cette préfecture ou de ce ministère.

La table du registre d'arrivée doit être tenue constamment à jour, de manière à permettre au commis d'ordre de répondre sur-le-champ à toute demande qui lui serait faite sur la situation d'une affaire, alors même que la date de cette affaire ne peut être exactement indiquée.

Art. 25. — Les bordereaux de transmission restent déposés dans les bureaux; tous les jours on y annote, dans la colonne d'observations, les affaires expédiées.

L'ensemble des bordereaux forme, dans chaque bureau, un recueil qui représente l'enregistrement de toutes les affaires reçues et traitées dans le bureau.

Art. 26. — Les dépêches, au départ, reçoivent dans les bureaux, avant d'être remises au Secrétariat-général, l'annotation marginale des numéros qu'avaient reçus, à l'arrivée, les dépêches répondues.

Elles sont inscrites au registre de départ (modèle n° 6) du secrétariat-général, avec mention, dans une colonne spéciale, de ce même numéro d'arrivée.

Art. 27. — Lorsqu'une affaire a déjà donné lieu à plusieurs enregistrements à l'arrivée, les bureaux reportent en marge de la lettre au départ, non-seulement le numéro d'arrivée de la dépêche répondue, mais les numéros ou du moins les derniers numéros à l'arrivée des dépêches de la même affaire.

Art. 28. — Chaque jour, la concordance est établie entre le registre d'arrivée et le registre de départ, au moyen du report sur le registre d'arrivée, dans une colonne réservée à cet effet, du numéro donné à la réponse au registre de départ.

Art. 29. — Lorsque la réponse faite par les bureaux ne termine pas une affaire, une note (*R. P.* réponse provisoire), mise dans la colonne d'observations, maintient l'affaire à la charge du bureau compétent.

Art. 30. — Toute affaire qui ne porte pas l'indication au registre d'arrivée du numéro de la réponse au registre de départ est considérée comme une affaire restant à expédier. Celles qui portent ce numéro accompagné de l'annotation *R. P.,* sont des affaires en cours d'instruction.

Art. 31. — L'inscription de chaque dépêche-réponse au registre de départ est suivie d'un chiffre indiquant le nombre de jours que le bureau d'où elle sort a laissé écouler entre l'arrivée et le départ de l'affaire.

Il est établi des relevés mensuels de ce comptage pour permettre d'apprécier l'activité apportée par chaque bureau et par l'ensemble de la préfecture à l'expédition des affaires.

Art. 32. — A la fin de chaque semaine, un relevé général, par bureau, des affaires non déchargées, est établi sur un carnet dit *des affaires en retard ou en cours d'instruction (Modèle n° 7)*. Ce relevé comporte, en 4 colonnes, le numéro de l'affaire au registre d'arrivée, la division et le bureau à laquelle elle ressortit, les motifs du retard, les observations et ordres du Secrétaire-général ou du Préfet.

Le carnet est remis le lundi matin au commis d'ordre de chaque division, qui rapproche les numéros du relevé des numéros correspondants aux bordereaux journaliers de transmission, appelle les affaires et inscrit, en présence du chef de division, et sous la dictée du chef du bureau, les motifs du retard, l'indication que l'affaire n'est pas susceptible de suite, la note prise des rapports à adresser au chef de service à qui l'affaire a été renvoyée, enfin l'erreur ou l'omission qui aurait été commise au secrétariat-général.

Le carnet est mis ensuite avec le registre d'arrivée sous les yeux du Secrétaire-général et du Préfet, qui y inscrivent, pour être communiqués dans les divisions, leurs observations et leurs ordres.

Les numéros non répondus du relevé d'une semaine sont reportés en tête du relevé de la semaine suivante, avec autant d'astériques qu'il s'est écoulé de semaines depuis l'enregistrement de l'affaire.

La dernière situation de chaque mois contient, outre le relevé des affaires en retard, le relevé des affaires en instruction (celles timbrées R. P. réponse provisoire). Sur le vu de ce relevé, le chef de bureau fait connaître, vis-à-vis le numéro de chaque affaire, s'il y a lieu de la rappeler dans le service auquel elle a été communiquée pour instruction.

Art. 33. — L'état mensuel des affaires en retard au ministère de l'intérieur, exigé par les instructions, est établi par le commis d'ordre du secrétariat-général. Pour faciliter la formation de l'état, cet employé inscrit à la colonne d'observations du registre de départ, à l'article de chaque affaire soumise à la décision du ministère, les mots : *répondu le....*; la date est remplie lorsque la réponse arrive. Toute affaire à l'inscription de laquelle cette date manque est une affaire pendante au ministère.

Art. 34. — Chaque bureau a son portefeuille d'arrivée et son portefeuille de départ.

Les portefeuilles d'arrivée sont remis, dans la matinée, aux chefs de division et, par ceux-ci, aux chefs de bureau, qui collationnent les pièces portées sur les bordereaux de transmission et vérifient l'exactitude de ces bordereaux.

Les portefeuilles de départ parviennent dans les divisions aussitôt que le Préfet a signé le courrier de la veille; ils sont remis par les chefs de division aux commis d'ordre. Ces derniers rendent aux chefs de bureau les travaux signés en minute par le Préfet, disposent les dépêches définitivement signées pour le départ, retiennent, pour être classées dans les bureaux, les pièces des dossiers qui ne doivent pas accompagner les dépêches, et remettent les portefeuilles avec le courrier, mis en état de partir, au secrétariat-général.

Art. 35. — Après l'enregistrement au départ, les paquets sont faits par les garçons de bureau et expédiés par les soins et sous la surveillance du commis d'ordre du secrétariat-général.

Art. 36. — Les projets de lettres et arrêtés sont écrits à mi-marge sur des minutes disposées à cet effet *(modèle n° 8)* et portant en marge, les noms des employés qui les ont rédigés et expédiés, et en tête le numéro de la dépêche répondue, l'indication, s'il y a lieu, que la réponse est une réponse provisoire (*R. P.*), enfin l'analyse de l'affaire.

Cette analyse, qui est reportée en marge sur l'expédition, est rédigée de manière à présenter sous une forme concise et précise à la fois le titre général du service, tel qu'en général il est indiqué en tête des alinéas du tableau de répartition des affaires entre les divisions et bureaux, puis, en sous-titre, les noms de la commune, s'il s'agit d'une affaire d'intérêt communal, du réclamant, s'il s'agit d'une affaire d'intérêt individuel, enfin l'objet de la lettre.

Les chefs de service, fonctionnaires et particuliers qui correspondent avec la préfecture, sont invités à suivre le même système pour l'analyse marginale de leur correspondance. Ils sont invités aussi à reproduire, en marge de leurs lettres le numéro de la lettre à laquelle ils répondent, pour servir à établir la concordance prévue dans l'art. 28, entre le registre de départ et celui d'arrivée.

Art. 37. — Le nombre des pièces jointes à chaque lettre est indiqué en marge; quand ces pièces ont de l'importance, quand elles sont jointes à un rapport ou avis motivé, il en est fait un bordereau à la suite du rapport ou de l'avis.

Art. 38. — Il est tenu au secrétariat-général un registre des arrêtés du Préfet. Les extraits de ce registre, les certificats et généralement toutes les copies sont collationnés et certifiés en marge par le chef du bureau avant d'être présentés à la signature du Préfet ou du Secrétaire-général.

Art. 39. — Tous les services dans lesquels une instruction uniforme a lieu pour chaque affaire, comme les alignements, l'admission des aliénés et enfants trouvés, les passe-ports, les permis de chasse, réclamations en matière de contributions, etc., ont des registres spéciaux représentant, en plusieurs colonnes, le développement de chaque affaire.

Art. 40. — Pour les travaux, périodiques ou non, demandés aux communes, il est fait usage des tableaux des communes par canton ou par perception (*Modèle n° 9*), suivant la nature de l'affaire. On inscrit sur ces tableaux, en autant de colonnes que l'intérêt du service l'exige, la date d'arrivée du travail de la commune, les lettres de rappel et le relevé des renseignements donnés par la commune.

CHAPITRE V. — Matériel et archives.

Art. 41. — Les imprimés et fournitures de bureau sont centralisés au secrétariat-général, sous la responsabilité du commis d'ordre.

Art. 42. — La liste des fournisseurs est arrêtée par le Préfet, ainsi que leurs prix courants. Ils souscrivent l'engagement de reprendre à leur compte, à chaque mutation de Préfet, la portion de leurs fournitures qui reste sans emploi, pour lesdites fournitures être portées par eux, s'il y a lieu, au compte du nouveau Préfet.

Art. 43. — Aucune fourniture ne doit être faite autrement que sur la remise d'un bon détaché d'un livre à souche. Les objets fournis sont inscrits sur un carnet à mesure de la réception.

Les mémoires des fournisseurs, appuyés des bons délivrés, sont produits et réglés tous les trois mois. L'inventaire du dépôt général est vérifié et mis au courant à la même époque.

Art. 44. — Les fournitures sont remises au bureau sur un bon du commis d'ordre, et la remise en est émargée par lui sur un carnet spécial.

Il est accordé à chaque employé, à titre d'abonnement, une allocation de 12 fr. par an pour qu'il se fournisse lui-même de plumes, encre, crayons, canifs et autres menues fournitures de bureau.

Art. 45. — Les imprimés particuliers à chaque bureau sont établis et fournis par les soins du secrétariat-général, sur la proposition du chef de division approuvée par le Préfet.

Art. 46. — Il est établi pour chaque bureau un bordereau des imprimés (*Modèle N° 10*), en suivant l'ordre du classement des affaires. Ce bordereau est divisé par services; chaque service a une série particulière de numéros d'ordre. Les imprimés portent au pied les mêmes indications que celles du bordereau et, de plus, la date de l'impression (*Préfecture. 1re Don. 1er Bureau. Aliénés. Modèle N° 4. Février 1854*).

Art. 47. — Une presse autographique et lithographique est installée dans l'une des dépendances du secrétariat-général et placée sous la direction et la responsabilité du commis d'ordre. L'un des garçons de bureau, formé à ce travail spécial, est chargé de la manutention de cette presse.

Aucune impression ne peut y être exécutée sans un bon signé par le Préfet ou le Secrétaire-général.

Les dépenses à faire pour l'entretien de la presse et les impressions sont réglées tous les trois mois, par les soins du commis d'ordre, en même temps que les autres fournitures faites pour les bureaux.

Art. 48. — Les archives sont distinguées en archives récentes et en archives anciennes.

Les archives récentes sont celles conservées dans les bureaux. Elles ne doivent pas remonter à plus de dix années. Quand cette période de dix années est accomplie, les pièces et dossiers se rapportant aux cinq premières années de la période sont extraits des cartons et formés en liasses, dans l'ordre du classement, et transportées, sur bordereaux, aux archives anciennes par les soins du commis d'ordre.

La période actuelle part du 1er janvier 1848.

Art. 49. — Les archives récentes sont réparties entre des cartons, dans chaque bureau, suivant un ordre conforme au tableau de répartition des affaires (Art. 2).

Les cartons ne portent d'autre désignation que celle de leurs numéros. Ces numéros forment une série particulière par chaque bureau.

Un inventaire, dont les doubles sont remis entre les mains du chef et du commis d'ordre de chaque division et du chef du cabinet, reproduit les titres généraux et les sous-titres des services auxquels chaque carton est réservé.

Art. 50. — Les affaires sont réparties dans des cadernes analytiques et sous-cadernes (*Modèle N° 11*) aussi nombreuses que le demande la distinction des services et du genre d'affaires. Elles sont classées dans chaque caderne dans l'ordre chronologique, en commençant par le plus récent document. Quand un dossier devient assez volumineux, ou que les phases de l'affaire demandent à être distinguées, le dossier est divisé en sous-dossiers et placé dans une sous-caderne spéciale.

Art. 51. — Les employés de chaque bureau ont la disposition des archives récentes pour les besoins de leur travail. Ils classent et reclassent les pièces dans les cartons à mesure qu'elles arrivent ou qu'elles ont été déplacées. Le commis d'ordre veille à l'exactitude et au soin apportés dans ce classement. Si quelque négligence se fait remarquer, c'est lui qui est responsable, sauf le cas où il aurait averti le chef du bureau, puis, au besoin, le chef de division.

Art. 52. — Le classement des pièces et dossiers dans les cartons, après l'expédition des affaires auxquelles ils se rapportent, doit être fait tous les jours après la remise du courrier de départ au secrétariat-général.

Aucune affaire non expédiée ne doit être placée dans les cartons; tant qu'une affaire n'est pas traitée, elle reste déposée sur le bureau de l'employé à qui elle a été remise, dans un carton spécial dont la situation puisse être à tout moment vérifiée.

Art. 53. — Chaque employé a vis-à-vis de lui, sur son bureau, trois cartons qui lui sont personnels et qui portent les indications suivantes : Affaires à expédier. — Imprimés. — Affaires à classer.

Tous les soirs, avant de partir, les employés remettront tout en ordre sur leur bureau, de manière à ce qu'aucun dossier, aucun document ne reste en dehors des cartons ou des armoires destinés à les recevoir.

Art. 54. — Les archives anciennes sont sous la garde d'un conservateur et déposées dans un bâtiment à ce destiné

Le travail de classement, le dépouillement des pièces, la délivrance des extraits sont réglés par les instructions du ministère de l'intérieur.

Art. 55. — La bibliothèque administrative de la préfecture est sous la garde de l'archiviste du département.

Elle est ouverte aux employés des bureaux seulement.

Le catalogue en est rédigé conformément à l'instruction ministérielle du 8 septembre 1844.

Aucun livre ne peut être emporté au dehors des bureaux sans une autorisation spéciale. Quand un livre est pris pour être consulté dans les bureaux, il est remplacé à sa case par un carton indiquant le livre, l'employé qui l'a pris et la date de l'emprunt. Ces mêmes renseignements sont, au même moment, inscrits sur un carnet qui reste toujours déposé sur une table de la bibliothèque.

Art. 56. — Du 1er mai au 1er octobre de chaque année, une conférence sur le droit administratif et sur les éléments de l'économie politique et de la statistique est ouverte, deux fois par semaine, à la bibliothèque, sous la direction du Secrétaire-général. Un des employés fait les fonctions de secrétaire et tient le procès-verbal et l'analyse de chaque conférence.

Les conférences ne sont pas obligatoires pour les employés; eux seuls ont le droit d'en faire partie, à moins de permission du Préfet.

CHAPITRE VI. — Des Audiences.

Art. 57. — Le Préfet reçoit les personnes qui demandent à l'entretenir, le mercredi et le samedi, de midi à trois heures.

Il reçoit les chefs de service et les Maires qui ont à conférer avec lui, tous les jours, de midi à deux heures de l'après-midi.

Art. 58. — Les bureaux sont ouverts au public le mercredi, le samedi et les jours de foire, de midi à deux heures.

Les autres jours, le secrétariat-général seul est ou ert, de une heure à trois heures, pour les demandes de renseignements.

En dehors des jours et heures ci-dessus déterminés, une permission du Secrétaire-général est nécessaire pour entrer dans les bureaux.

CHAPITRE VII. — Dispositions transitoires.

Art. 59. — Le présent règlement sera mis à exécution à partir du 1er mai 1853.

Toutefois, les articles qui fixent les traitements de chaque grade ne recevront leur exécution que successivement et à mesure que les services des employés mériteront de l'avancement, ou que les ressources de l'abonnement pour frais d'administration le permettront.

Art. 60. — M. le Conseiller de préfecture Secrétaire-général est chargé d'assurer l'exécution du présent arrêté.

En l'hôtel de la préfecture, au Puy, le 25 avril 1853.

Le Préfet de la Haute-Loire,

A. CHEVREMONT.

Pour copie conforme :

Le Conseiller de préfecture Secrétaire-général,

L. TITAUD.

IIe PARTIE.

RÉPARTITION DES SERVICES ET LÉGISLATION QUI LES CONCERNE.

Nos d'ordre des matières par bureau.	RÉPARTITION normale DES SERVICES ENTRE LES DIVERS BUREAUX.		DATE DES LOIS, DÉCRETS, ORDONNANCES, INSTRUCTIONS, etc. régissant chaque matière.	INDICATION des OUVRAGES OU DOCUMENTS SPÉCIAUX qui y ont trait.
	CABINET DU PRÉFET.			
»	Affaires réservées			
	SECRÉTARIAT GÉNÉRAL.			
I.	Enregistrement général des dépêches à l'arrivée et au départ		R. préfect. du 25 avril 1853, art. 20 à 31.	*Recueil* des actes administr. de la préfecture, 1854, n° 1.
II.	Légalisations		C. 25 mars 1834; 31 mars 1853.	
III.	Répertoire des actes administratifs de la préfecture et des sous-préfectures		L. 22 frimaire an VII, art. 49; C. 4 décembre 1806.	
IV.	Personnel des bureaux et frais d'administration		L. 28 pluviôse an VIII, art. 24; C. 29 octob. 1839, 31 août 1844; D. 27 mars et C. 15 avril 1852.	*Em. Vasse.* — Étude de l'administration pratique.
V.	Publications administratives	Recueil des actes de la préfecture	C. 21 septembre 1815; 17 juin 1820; 22 mars 1841; 19 décembre 1846.	*Revue administrative*, 1847, p. 16.
		Bulletin des lois et Moniteur des communes	D. 14-16 frimaire an II; D. et C. 12 février 1852.	
		Bibliothèque administrative	C. 28 août 1837; 30 juillet 1838; 8 septembre 1844.	*L. Vidal.* — Essai sur les biblioth. administ.
		Annuaire départemental	Inst. 20 floréal an VII; 20 nivôse an XI; C. 20 juillet 1831; 26 sept. 1844; 22 nov. 1852.	
VI.	Archives départementales	Personnel des archivistes	L. 10 mai 1838, art. 12, n° 10; Inst. 8 août 1839; R. 6 mars 1843; D. 4 février et C. 10 juillet 1850; D. 25 mars, art. 5, et C. 15 avril 1852.	*Henri Bordier.* — Archives de la France. Rapport au Roi sur les archives départementales et communales, 8 mai 1841.

VI.	Archives départementales (*Suite*)...		Dépôt et conservation des archives...........	L. 5 novembre 1790, art. 9 et 10; 5 brumaire an V; 28 pluviôse an VIII, art. 7; 10 mai 1858, art. 12.	
			Classement, inventaires et répertoires	C. 8 août 1859; 24 avril 1841; R. 6 mars 1843; C. 20 janvier 1854.	
			Recherches, communication et expédition des actes administratifs....................	L. 12 septembre 1791, art. 7; C. 14 pluviôse an IX; A. C. d'Etat 18 août 1807; C. 4 mai 1808; R. 6 mars 1843; C. 20 janvier 1848; 18 février 1854. ..	*Journal des communes*, 1854, p. 253.
			Suppression et vente de papiers inutiles	C. 9 novembre 1833; 8 août 1859; R. 6 mars 1843; C. 24 juin 1844.	
VII.	Personnel administratif...........		Prestation de serment et installation........	Constit. art. 14; D. 8 mars et C. 15 avril, 5 et 23 juin 1852. ..	*Des Aubiers*. — Manuel des préfets et sous-préfets.
			Congés et délégations.....................	O. 29 mars 1821; C. 16 mars 1822; 8 février 1834; 30 novembre 1846; 27 décembre 1849.	
VIII.	Fêtes et cérémonies publiques..			D. 24 messidor an XII; 15 novembre 1811; Décis. J. 25 août 1846; C. 24 août 1847. ..	*G. Toussaint*. — Code des préséances. *Gonvot*. — Honneurs et préséances.
IX.	Légion-d'Honneur...............		Organisation............................	D. 16 mars 1852. ..	*De Chamberet*. — Manuel du légionnaire.
			Etats des décès des légionnaires...........	C. 16 mars 1852; 11 septembre 1859; 24 octobre 1853.	
			Décorations étrangères	D. 13 juin 1853; A., Moniteur, 24 juin 1853; C. 11 janvier 1854.	
X.	Belles actions....................		Demandes de récompenses..............	C. 31 janvier 1828; 8 octobre 1831; 29 août 1852; 31 janvier 1833; 15 juillet 1845. ..	*Revue administrat.* 1847, p. 579.
			Port de médailles et rubans..............	D. M. 2 décembre 1833; C. 12 mai 1849.	
XI.	Conseils.....	1° d'arrondissement.	Organisation	L. 22 juin 1833, titres III et IV; 7 juillet 1852.	*Dumesnil*. — De l'organisation et des attributions des Conseils généraux de département et des Conseils d'arrondissement. *Herman*. — Traité d'administration départementale. *Thibaut-Lefèvre*. — Constitution et pouvoir des Conseils généraux et des Conseils d'arrondissement.
			Attributions	L. 10 mai 1858, titre II, art. 39 à 47.	
		2° général.........	Organisation	L. 22 juin 1833, titres I et II.	
			Attributions	L. 10 mai 1858, titre I, art. 1 à 40.	
			Procès-verbaux des délibérations..........	L. 10 mai 1858, art. 26; C. 12 août 1840.	
XII.	Conseil de préfecture.............		Organisation et attributions	L. 28 pluviôse an VIII; Arr. G. 19 fructidor an IX; D. 16 juin 1808; 27 et 28 mars 1852; C. 30 avril 1853.	*Brun*. — Nouveau manuel des conseillers de préfecture. *Chauveau (Adolphe)*. — Principes de compétence et de juridiction administrative. *Dubois de Niermont*. — Organisation, compétence, jurisprudence et procédure des conseillers de préfecture. *De Serrigny*. — Traité de l'organisation, de la compétence et de la procédure en matière contentieuse administrative.
			Rapports du Préfet avec le Conseil de préfectre.	C. 29 septembre 1853; 9 juin 1853.	
			Attributions des secrétaires-généraux	C. 28 avril 1817; O. 29 mars 1821; C. 18 octobre 1822.	

PREMIÈRE DIVISION.

1er BUREAU. — Administration générale.

1re SECTION.

I.	Territoire	Erections, divisions et suppressions de communes	L. 18 juillet 1837, art. 1 à 7; C. 30 avril 1838; 1er octobre 1839; 11 février 1840; 30 mai et 30 juin 1841; 14 février 1843; 29 janvier 1848; 29 août 1849.	*Ecol. des com.*, 1838, 1re partie, p. 118, 257; 1839, p. 96; 1845, p. 209.
		Echanges de territoire, enclaves et rectifications de limites	C. 15 mars 1806; 7 avril 1828; A. Cons. d'Et. 28 février, et C. 30 avril 1838.	*Recueil méthodique*, art. 77 à 81.
II.	Population	Mouvement annuel	C. 29 décembre 1852; 24 septembre 1853; C. A. 1er octobre 1853.	
		Recensements quinquennaux	L. 22 juillet 1791; 18 juillet 1837, art. 9 et 30; C. 4 mars 1851.	
III.	État civil	Registres annuels	Cod. Nap., art 34 à 102; L. 20 septembre 1792; D. 12, 20 et C. 30 juillet 1807; Inst. J. 21 décembre 1823; C. 2 mai 1845.	*Berriat-Saint-Prix.* — Recherches sur la législation et la tenue des actes de l'état civil. *Cival.* — Traité pratique et théorique de l'état civil. *Grün.* — Guide formulaire pour la rédaction des actes de l'état civil. *Hallez-d'Arros.* — Nouveau manuel de l'officier de l'état civil. *Journal des communes.* — 1834, p. 170; 1840, p. 72; 1842, p. 319; 1844, p. 286. *Lemolt et Biret.* — Manuel complet des officiers de l'état civil. *Sauvant.* — Manuel de l'état civil.
		Tables décennales	D. 20 juillet 1807; C. 28 janvier 1833; 2 août 1847; 25 janvier 1853.	
		Noms, prénoms et changements de noms	D. 6 fructidor an II; L. 11 germinal an XI.	*Ecol. des com.*, 1853, p. 100.
		Titres honorifiques	D. 24 janvier 1852.	*Journal des communes*, 1845, p. 265.
		Naturalisation	Sénatus-consulte 19 février 1808; D. 17 mars 1809; O. 4 juin et L. 14 octobre 1814; L. 28 avril 1816; C. 27 mai 1831; L. 22 mars et 21 novembre 1849; 7 février 1851.	*Alauzet.* — De la qualité de Français et de la naturalisation. *Ecol. des com.*, 1848, p. 1. *Gand.* — Code des étrangers. *Journal des com.*, 1846, p. 202. *Schutzenberger.* — Condition civile des étrangers en France.
IV.	Statistique générale	Commissions cantonales et travaux de ces commissions	D. 1er juill. et C. 18 sept. et 18 déc. 1852; 25 fév., 20 juin, 23 juill. et 24 sept. 1853.	*Dufau.* — Traité de statistique. *Ach. Guillard.* — Eléments de statistique humaine, *Moreau de Jonnès.* — Eléments de statistique.
		Statistique des sinistres	C. 14 juin et 20 novembre 1852; 30 avril 1853.	
		Statistique médicale	C. 17 mars 1852.	

2e SECTION.

V.	Police générale.	1. Règlements généraux de police		D. 22 décembre 1789 ; janvier 1790, section III, art. 2 ; L. 12 et 20 août suivant, chap. VI ; 6 octobre 1791, titre XI, art. 16 ; 28 pluviôse an VIII, art. 2.	*P. Cère.* — Manuel des fonctionnaires chargés de la police judiciaire, administrative et municipale. *Miroir et Brissot de Warville.* — Traité de police, etc.
		2. Commissaires de police.	Organisation	L. 28 pluv. an VIII, D. 28 mars 1852 ; 17 janv., C. P. G. 5 et 12 fév. 1853 ; D. 22 mars et C. 5 et 15 avril, 30 août et 14 déc. 1854 ; D. 27 fév. et 1er juill., C. 16 fév. et 28 juill. 1855.	*Anccst.* — Code des commissaires de police. *P. Cère.* — Manuel des fonctionnaires, etc. *Joegle et Mauny.* — Manuel de police à l'usage des commissaires contonaux. *Journal* des commissaires de police, année 1855 et suiv. *Rabassé.* — Manuel des commiss. de police.
			Traitement et frais de bureau	C. P. G. 12 février, 19 mars 1853 ; D. 27 février et C. 10 mars et 28 juillet 1855.	
			Attributions	Inst. P. G. 30 avril et C. 4 octobre et 16 décembre 1853 ; 21 juillet 1854.	
		3. Evènements divers de police		C. 1er février 1854 ; 20 mai 1856.	
		4. Lieux publics.	Débits de boissons	D. 29 décembre 1851 ; C. P. G. 2 janvier, 4 février et 7 septembre 1852 ; C. 7 avril et 30 septembre 1854 ; Arr. Cass. 6 janvier 1854 (translation).	
			Cafés-concerts	C. P. G. 6 avril 1853.	
			Spectacles forains	C. 10 octobre 1829.	
			Jeux prohibés	Cod. pén., art. 410, 475 et 477 ; D. 24 juin 1806.	*Journal des com.*, 1832, p. 40.
			Maisons de tolérance	Arr. 3 brumaire an IX, art. 8 ; D. 23 fructidor an XIII, art. 2 ; C. 17 octobre 1814 ; 23 août 1853.	*Journal des com.*, 1841, p. 111.
		5. Ordre public.	Attroupements et coalitions	Cod. pén., art. 414 à 420 ; L. 3 août 1791 ; 10 vendémiaire an IV ; 10 avril 1851 ; C. janvier 1847 ; 7 juin 1848.	*Ecol. des com.*, 1840, 1847 et 1852. *Maulde.* — De la responsabilité des communes. *Rendu.* — Traité de la responsabilité des communes.
			Cercles et réunions non politiques	Cod. pén., art. 291 à 293 ; L. 10 avril 1834, art. 1 à 4 ; D. 25 mars et C. P. G. 5 mai 1852.	*Journal des com.*, 1850, p. 22.
			Saltimbanques, joueurs d'orgues et chanteurs	C. 10 octobre 1829 ; L. 16 février 1834 ; 27 juillet 1849 ; C. 13 décembre 1853.	
			Armes de guerre et armes prohibées	Cod. pén., art. 314 et 315 ; O. 24 juillet 1816 ; Arr. Cass. 6 août 1824 ; L. 24 mai 1834 ; D. 24 février ; 16 avril et 8 décembre 1854.	*Ecol. des com.*, 1848, p. 184, 234.
			Condamnés politiques	D. 5 mars, et C. P. G. 14 avril et 1er septembre 1852 ; C. 26 septembre 1854.	
			Réfugiés étrangers	R. 1er juin 1848 ; C. P. G. 9 avril 1853 ; C. 23 novembre 1854.	
			Prisonniers de guerre	R. 3 juillet 1854.	
			Mouvement des étrangers	C. 24 septembre 1823 ; 1er février 1834.	
		6. Passe-ports (délivrance de)	à l'intérieur	Cod. pén., art. 153 à 165 et 471 ; L. 1er février, 8 mars 1792 ; 17 ventôse et 10 vendémiaire an IV, titre III ; 28 vendémiaire an VI ; D. 18 septembre 1807 ; C. avril 1820 ; 6 août 1827.	
			à l'étranger	L. 1er février et 29 juillet 1792 ; 14 ventôse an IV ; C. 11 mars 1828 ; 29 novembre 1853 ; C. 31 août 1849 ; 27 janvier et 19 octobre 1855.	*Bul. of.* ; 1853, p. 330.
			aux indigents avec secours de route	L. 13 juin 1790, art 7 ; A. Cons. d'Et. 22 décembre 1811 ; C. 22 novembre 1825 ; 25 octobre 1833 ; 17 août 1833.	

V.	Police générale ..	Passe-ports (délivrance des) *Suite.*	aux indigents avec convois	Arr. 23 avril et C. 17 mai 1855.	
			avec passage gratuit en Algérie	C. 28 février 1841 ; 15 juin 1846 ; 31 octobre et 15 novembre 1848 ; 4 septembre 1852 ; 19 janvier 1855.	*Bull. of.* 1855, p. 519.
			Mouvement des passe-ports	C. 12 octobre 1852 ; 24 septembre 1853 ; 12 janvier 1855.	
		7. Chasse		L. 3 mai 1844 ; C. 20 mai, 12 et 20 juillet, 24 septembre suiv. ; 7 juin 1847 ; 30 juillet et 3 septembre 1849 ; 11 et 22 juillet 1851 ; 20 février 1853 ; 30 janvier et 26 juin 1855.	*Ch. Berriat-Saint-Prix.* — Législation de la chasse et de la louveterie. *Civat.* — Loi sur la police de la chasse, annotée. *Duvergier.* — Code de la chasse, commenté. *Gillon et Villepin.* — Nouveau code des chasses. *Gournay.* — Formulaire des procès-verbaux en matière de délits de chasse. *Journal des communes.* — Table vicennale. *Petit.* — Traité complet du droit de chasse. *Rogron.* — Code de la chasse.
		8. Louveterie	Nomination de lieutenants	Arr. F. 20 août 1814 ; 18 août 1832 ; O. 21 novembre 1844 ; D. 25 mars 1852, art. 5 ; Arr. F. 3 mai suivant.	
			Battues et primes	Arr. 19 pluviôse, et L. 10 messidor an V, art. 2 et 3 ; C. 25 septembre 1807 ; 3 décembre 1815 ; 9 juillet et 9 août 1818 ; L. 3 mai 1844, art. 9 ; C. 22 juillet 1851.	
		9. Pêche fluviale ..	Règlements	L. 15 avril 1829 ; O. 15 novembre 1830 ; L. 6 juin 1840 ; C. Ad. for. 24 septembre 1849.	*Beaudrillart.* — Code de la pêche fluviale. *Brousse.* — Id.
			Surveillance	C. 19 janvier 1852.	
VI.	Police des Subsistances	Foires et marchés		Inst. 12 août 1790 ; Arr. G. 7 thermidor an VIII ; C. 8 novembre 1822 ; 11 mai 1827 ; L. 10 mai 1838, art. 6 et 11 ; C. A. 22 septembre suiv. ; 15 juillet 1850 ; L. 20 mars 1851, art. 15 et 21 ; D. 25 mars et C. 5 mai 1852.	*Emion.* — Législation, jurisprudence et usage du commerce des céréales. *Payen.* — Des substances alimentaires. *G. Roscher.* — Du commerce des grains.
		Fidélité du débit et sophistications		Cod. pén., art. 423, 477 et 481 ; L. 16-24 août 1790, tit. XI, art. 3 ; 19-22 juillet 1791, art. 46 ; 27 mars et C. A. 29 octobre 1851 ; 10 juillet et 8 octobre 1853 ; 19 janvier 1854 ; 9 mars et 10 octobre 1855.	
		Ciculation des denrées		Cod. pén., art. 419 et 420 ; C. A. 19 septembre 1839 ; 22 novembre 1845 ; C. 19 avril 1847.	
		Mercuriales		Arr. G. 12 messidor an VIII, art. 28 ; 3 brumaire an IX, art. 24 ; C. 1er avril 1817 ; C. A. 21 octobre 1824 ; 28 décembre 1839 ; 12 avril 1847 ; 24 juillet 1851.	
		Boucherie		L. 16-24 août 1790 ; 19-22 juillet 1791 ; Arr. 8 vendémiaire an II ; O. 12 janvier et C. 22 décembre 1825 ; O. 18 octobre 1829 ; O. P. P. 1er octobre 1855.	
		Boulangerie		L. 16-24 août 1790 ; 2-17 mars 1791, art. 7 ; 19-22 juillet suiv., art. 30 et 46 ; D. 25 mars 1852 ; C. A. 26 septembre 1853 ; D. 1er novembre 1854 ; O. P. P. septembre 1855.	
VII.	Police de la presse et des théâtres.	1. Imprimerie et librairie.	Demandes de brevets	L. 21 et O. 24 octobre 1814 ; C. 15 novembre suivant ; 31 décembre 1837 ; 28 mars 1849 ; 27 février 1850 ; D. 17 février et C. P. G. 30 mars 1852.	*Bories et Bonassies.* — Dictionnaire pratique et complet de la presse. *Chassan.* — Traité des délits et contraventions de la parole, de l'écriture et de la presse. *Delalain (J.)* — Législation de la propriété littéraire et artistique. *Dubois.* — Code manuel de la presse. *Pic.* — Code des imprimeurs et des libraires. *Journal des communes*, 1850, p. 66.
			Dépôt légal	L. 21 octobre 1814, art. 14 ; O. 8 octobre 1817, art. 8 ; 9 janvier 1828 ; C. 26 novembre 1849 ; 28 novembre 1850 ; 1er juin 1854.	
			Journaux et écrits périodiques	L. 16 juillet et C. 17 octobre 1850 ; D. 17 février et C. P. G. 30 mars 1852.	
			Annonces judiciaires	D. 17 février, art. 23, et C. P. G. 30 avril et 27 décembre 1852.	
			Presses autographiques	D. 22 mars 1852.	
			Liste des imprimeurs et libraires	C. 7 janvier 1854.	
			Surveillance générale	C. 16 juin 1830 ; L. 27 juillet 1849, art. 4 ; C. 27 sept. suivant ; C. P. G. 28 juillet 1852.	

VII.	Police de la presse et des théâtres. — *Suite.*	2. Colportage…	Autorisation de colporter	L. 27 juillet 1849, art. 6 ; C. 1er août, 6 septembre, 8 octobre, 21 et 30 novembre suivants ; C. P. G. 28 juillet, 12 septembre et Arr. min. 30 novembre 1852 ; C. 23 juillet et 11 septembre 1853 ; 11 septembre et 25 décembre 1854.	
			Estampillage	C. 28 novembre 1850 ; C. P. G. 28 juillet 1852 ; C. 24 septembre 1854.	
			Distributions gratuites	Arr. cass. 15 février et C. 4 mars et 23 avril 1850.	
		3. Affichage…	Afficheurs publics	Cod. Pén., art. 283 et suivants ; L. 10 décembre 1838 ; Arr. Cass. 12 novembre 1847 ; L. 21 avril 1840, art. 3.	*Journal des Com.*, 1854, p. 63. *Journal du droit adm.*, 1854, p. 305, 419 et 450.
			Affiches de l'autorité publique	Cod. Pén., art. 479 n° 9 ; L. 18 mai 1791, art. 11 ; 28 juillet suivant ; Arr. G. 9 ventôse an VI ; C. Inst. P. 25 juin 1850.	
			——— des particuliers	L. 18 mai et 15 novembre 1791 ; Arr. G. 9 vendémiaire et 13 brumaire an XI ; Av. C. d'Et. 25 mars 1817 ; L. 15 février 1834 ; 8 juillet 1852, art. 30 ; D. 25 août, C. 20 octobre, et Inst. gén. de l'enregist. 5 septembre 1852.	
			——— des théâtres	C. 10 juillet 1853.	
		4. Théâtres des départements.	Organisation	O. 8 décembre 1824 ; L. 9 septembre 1835 ; C. 11 mai 1840 ; 1er novembre 1841 : 1er mars 1842 ; L. 30 juillet 1850 ; D. 30 décembre 1852 ; 25 juin 1854.	*Agnel.* — Code manuel des artistes dramatiques. *Lacan et Paulmier.* — Traité de la législation et de la jurisprudence des théâtres. *Vivien et Blanc.* — Traité de la législation des théâtres. *Vulpain et Gonthier.* — Code des théâtres.
			Troupes sédentaires et ambulantes	R. 30 août 1814 ; O. 8 décembre 1824 ; C. 10 février et 1er novembre 1841 ; 1er mars 1842 ; 17 décembre 1844 ; 30 août et 29 octobre 1850 ; C. M. Et. 5 janvier et 9 août 1853.	
			Droits des pauvres sur les spectacles	D. 9 décembre et C. 21 décembre 1809 ; L. 25 mars 1817 ; Av. C. d'Et. 6 août et 11 nov. 1851.	*Revue adm.* 1848, p. 294 et suivantes.

3e SECTION.

VIII.	Police sanitaire	Personnel médical	L. 19 ventôse et 21 germinal an XI ; Arr. 21 mai 1812 ; C. A. 27 juin 1840 ; 25 janvier 1847 ; D. 22 août 1854 ; art. 17 à 22 ; R. et C. Inst. P. 23 décembre suivant ; C. Inst. P. 2 février et 8 novembre 1855.	*Amette.* — Code médical. *Bogard.* — Manuel pratique de médecine légale. *Ducrgès et Dehaussy de Robecourt.* — Médecine légale théorique et pratique. *Guibourt.* — Manuel légal des pharmaciens. *Orfila.* — Traité de médecine légale. *Tardieu.* — Dictionnaire d'hygiène, etc. *Trébuchet.* — Jurisprudence de la médecine, de la chirurgie et de la pharmacie.
		Conseils d'hygiène et de salubrité publique	Arr. 18 décembre 1848 ; 15 février 1849 ; C. A. 3 avril suivant ; 19 mars 1850 ; 5 mai et 14 août 1851.	
		Service des épidémies	C. 12 floréal an XIII ; 30 septembre 1813 ; 28 juin 1816 ; C. C. et T. 13 avril 1835 ; 24 mai 1836 ; 7 juin 1837 ; C. A. 30 août 1851 ; Arr. m. et C. A. 1er septembre suivant ; C. A. 15 mars et 8 octobre 1853 ; 28 juin et 29 août 1854 ; 6 septembre 1855.	
		Jury médical et visite des pharmacies, drogueries	L. 21 germinal an XI, art. 30 et 31 ; 25 thermidor suivant, art 42 ; C. 5 mars 1829 ; 13 juillet 1830 ; C. A. 27 novembre 1835 ; 10 juillet 1840.	
		Vaccine et médecins vaccinateurs	C. 31 octobre 1814 ; O. 10 décembre 1823 ; C. A. 8 février 1833 ; 19 février 1839 ; 26 avril 1841.	
		Substances vénéneuses	O. 29 octobre 1846 ; D. 8 juillet 1850 ; L. 27 mars 1851 ; C. A. 20 mai et 18 août 1853 ; 23 juin 1855.	
		Remèdes nouveaux et secrets	D. 18 août 1810 ; C. 16 avril 1828 ; D. 3 mai et C. A. 2 novembre 1850.	
		Logements insalubres	L. 13 avril et C. 10 août 1850 ; 2 octobre 1852.	

VIII.	Police sanitaire. — *Suite*		Eaux minérales et thermales	Arr. G. 20 floréal an VII et 5 floréal an VIII; O. 18 juin et C. 5 juillet 1825; C. A. 25 mars et 17 juin 1835; 24 février 1847; 17 juin 1850; 19 mars 1851; 6 avril 1852, 15 octobre 1855.	
			Service des épizooties	Cod. art 459, 460 et 461; Arr. G. 27 messidor et C. 9 fructidor an V; C. 15 février 1808; O. 27 janvier 1815; C. A. 25 juin 1836; 10 juillet 1837; 7 avril 1844; D. 25 mars 1852, art. 7, tab. B, § 4.	*Revue adm.*, 1848, p. 367. *Journal de droit adm.*, 1855, p. 567.
IX.	Police industrielle et commerciale.	1. Etablissements dangereux, insalubres ou incommodes et machines à vapeur		D. 15 octobre 1810; C. 22 novembre 1811; O. 14 janvier 1815; C. 5 novembre 1828; D. 22 mai et C. 22, 25 mai, 25 et 24 juillet 1853; C. A. 25 octobre 1854; D. 25 mars et C. A. 6 avril et 15 décembre 1852; C. 22 juin 1853.	*Avisse.* — Etablissements industriels. *Clérault.* — Traité des établissem. dangereux. *Macarel.* — Manuel des ateliers dangereux. *Mirabel-Chambaud.* — Code des établissements industriels. *Taillandier.* — Traité de la législation concernant les établissements dangereux, etc.
		2. Poids et mesures.	Organisation du service	L. 4 juillet 1837; O. 17 avril et 16 juin et C. A. 30 août et 15 septembre 1839; 1er septembre 1844; 6 avril et 23 octobre 1852	*Magné.* — Code des vérificateurs des poids et mesures.
			Nomination des vérificateurs	O. 17 avril 1839, art. 1 à 6 et 9; C. A. 30 août suivant; D. 25 mars et C. A. 26 avril 1852.	*Tarbé.* — Manuel des poids et mesures.
			Fabrication et poinçonnage des mesures	O. 17 avril et 16 juin 1839; D. 5 novembre et C. A. 27 novembre 1852; Arr. min. 16 février et C. A. 18 mars 1855; D. 15 et C. A. 20 juillet suivant; 25 août 1855.	
			Inventaires et récolements du mobilier	R. 29 avril 1854, art. 88; C. A. 6 janvier et 26 novembre 1855.	

4e SECTION.

X.	Etablissements de répression.	1. Prisons départementales	Comm. de surveillance et régl. du service int.	O. 9 août 1819, art. 15 à 18; C. 5 septembre suiv.; O. 25 juin 1823; R. et C. 30 octobre 1841; C. 27 mai 1842; 28 juin 1843.	*Allier.* — Etudes sur le système pénitentiaire et les sociétés de patronage.
			Directeurs et gardiens	C. Inst. C., art 606; C. 20 mai 1833; R. et C. 30 octobre 1841; D. 25 mars 1852; Arr. M. 19 janvier et C. 22 mars 1853; C. 20 avril, 15 et 28 juillet 1854.	*Moreau-Christophe.* — Code des prisons.
			Régime économique et disciplinaire	R. et C. 30 octobre 1841; C. 19 mai 1852; 16 avril 1855; L. F. 5 mai 1855, art. 13.	
			Travail des condamnés	Cod. Pén., art. 15, 21, 40; D. 25 février 1852: Arr. M. 1er et C. 8 mars suiv.	
			Règlement des dépenses et budgets	C. 17 mai et 29 novembre 1855.	
			Transfèrement des condamnés	C. 20 septembre 1850; 6 mars et 30 décembre 1852; 19 décembre 1853.	
			Jeunes détenus… Notices individuelles	C. 28 janvier 1843; Inst. 17 février 1847; C. 21 juin 1853.	
			Jeunes détenus… Placement	L. 5 août 1850; C. 18 juillet 1852; 4 et 5 juillet 1853.	
			Jeunes détenus… Transfèrement	C. 25 novembre 1848; 8 juillet 1852; 8 mars 1855.	
		2. Dépôts et chambres de sûreté		L. 28 germinal an VI, art. 85; C. 8 nivôse an X; 20 fructidor an XI; 11 juillet 1841; O. 29 octobre 1820, art 6 et 203: Décis. M. 29 octobre 1840.	*Journal des comm.*, 1839, p. 5. — *Ec.* 1853, p. 401; 1855, p. 49; 1841, p. 65.
		3. Dépôts de mendicité		Cod. Pén., art. 274 et suiv.; D. 5 juillet et Arr. régl. 27 octobre 1808; C. 6 mai 1815; 12 avril 1855.	*J. du D. adm.*, 1853, p. 353, 525; 1854, p. 79.

X.	Établissements de répression.— *Suite.*	4. Condamnés libérés........	Registre spécial........................	C. 18 juillet 1853 ; 22 mars et 1er septembre 1852 : 10 mai 1855.	*Cerfbeer.* — Des condamnés libérés.
			Changements de résidence..............	D. 8 décembre 1851 ; C. 25 octobre 1853.	
			Surveillance légale....................	L. 28 avril 1852 ; D. 8 décembre 1851 ; C. 10 février 1852.	
			Transportation	D. 8 décembre 1851 ; C. 10 février et 10 août 1852 ; 2 avril 1855.	

5e SECTION.

XI.	Forces productives.	1. Agriculture ..	Chambres consultatives	D. 25 mars et C. A. 1er avril et 20 juin 1852.	*Bulletin du ministère de l'agriculture et du commerce.*
			Comices et associations agricoles..........	C. A. 6 novembre 1844 ; 5 mars 1850 ; L. 20 mars et C. A. 13 août 1851 ; 8 janvier 1852 ..	*Dupin aîné.* — Des comices agricoles et en général des institutions d'agriculture.
			Écoles régionales et fermes-écoles.........	C. A. 25 juillet 1847 ; D. 8 octobre et C. A. 28 octobre 1848 ; 20 juillet et 31 août 1849 ; 22 mars, 31 juillet, 1er et 19 septembre 1850 ; 4 février, 8 mars, L. 20 mars et C. A. 10 avril 1851 ; D. 25 mars 1852 ; C. A. 24 avril 1855.	*De Lagarde.* — Bulletin agricole.
			Concours régionaux	Av. C. gén. d'agr. 10 mai 1850 ; Arr. min. A. 6 février 1855.	
			Rapports périodiques sur les récoltes.......	C. A. 12 janvier 1825 ; 11 septembre 1840 ; 9 avril et 21 juin 1855.	
			Pesage des grains	C. A. 16 septembre 1819 ; 21 septembre 1820 ; 1er novembre 1821 ; 11 novembre 1837 ; 26 novembre 1852 ; 11 décembre 1854.	
			Drainage.............................	L. 10 juin et C. A. 21 septembre 1854 ; 20 janvier 1855.	*Garnier.* — Commentaire sur la loi du 10 juin 1854 sur le drainage. *Leclerc.* — Traité du drainage. *Vitard.* — Manuel populaire du drainage.
			Crédit foncier	D. 21 février, 21 mars, 10 décembre 1852 ; L. 10 juin, D. 26 juin, 6 juillet, 21 décembre 1853 ; 24 juin et 6 juillet 1854.	*Em. Bères.* — Manuel de l'emprunteur et du prêteur au crédit foncier. *J.-B. Josseau.* — Traité du crédit foncier. *Journal de droit admin.*, 1853, p. 169, 212, 374 ; — 1854, p. 43, 424.
		2. Haras	Organisation du service.................	R. 25 octobre 1840 ; Arr. min. A. 4 novembre 1846 ; C. A. 6 mars 1848 ; 8 mars 1849 ; 14 avril 1851 ; D. organique 17 juin, C. A. 26 juin, Arr. min. A. 29 juillet, C. A. 10 octobre, D. 20 octobre 1852 ; C. A. 17 janvier et Arr. min. A. 7 septembre 1853 ; 2 mars et 21 septembre 1854.	*Journal des haras.*
			Stations d'étalons et remonte des établissements de haras	C. A. 20 juillet et Arr. min. A. 5 décembre 1852.	
			Commissions hippiques................	Arr. min. A. 27 octobre et C. A. 1er novembre 1847 ; 30 novembre 1850.	
			Courses de chevaux....................	Arr. min. A. 13 mars 1842 ; 26 avril 1849 ; 24 janvier 1850 ; 17 février 1853.	
		3. Industrie....	Expositions des produits de l'industrie	O. 4 octobre 1833.	*Ach. de Colmont.* — Histoire des expositions des produits de l'industrie française.

XI.	Forces productives. — *Suite.*	3. Industrie. — *Suite*	Brevets d'invention	L. 5 juillet et C. A. 1er octobre 1844.	*Armengaud.* — Guide manuel de l'inventeur et du fabricant. *Blanc.* — L'inventeur breveté. *Journal des économistes*, numéros d'octobre et de novembre 1854, v. brevets d'invention. *Molard.* — Description des machines et procédés consignés dans les brevets d'invention. *Perpigna.* — Manuel des inventeurs brévetés. *Renouard.* — Traité des brevets d'invention. *Tillière.* — Traité pratique et théorique des brevets d'invention.
			Livrets d'ouvriers	L. 22 juin 1854; D. 30 avril et C. A. 18 mai, C. P. P. 10 octobre et O. 15 octobre 1855.	*Ecole des com.*, 1855, p. 141 et 169. *Journ. des com.*, 1855, p. 375.
			Conseils des prud'hommes	L. 18 mars 1806; D. 11 juin 1809; 27 mai 1848; L. 1er juin et C. A. 5 juillet 1855.	*Binot de Villiers.* — Manuel des conseils de prud'hommes *Durel.* — Dictionnaire raisonné de la législation usuelle des prud'hommes. *Lingée.* — Code des prud'hommes.
			Chambres consultatives des arts et manufactures	L. 22 germinal et Arr. 10 thermidor an XI; O. 16 juin 1832; Arr. 19 juin 1848; D. 30 août et C. A. 31 octobre 1852.	
		4. Commerce	Chambres de commerce	Cod. Com., art. 618 et 619; D. 3 septembre 1851; 30 août, et C. A. 31 octobre 1852; 1er septembre 1855.	*Blanqui.* — Dictionnaire du commerce et des marchandises. *Bonnin.* — Commentaire sur la législation commerciale. *Devilleneuve et Massé.* — Dictionnaire du contentieux commercial. *Casse.* — Manuel des juges de commerce. *Gouget et Merger.* — Dictionnaire du droit commercial. *Grün.* — Manuel de législation commerciale. *Javezac et Belloc.* — Le code du commerce. *Morel et Th. Laroche.* — Manuel du commerce et de l'industrie. *Teulet et Cumberlin.* — Journal des tribunaux de commerce.
			Tribunaux de commerce	Cod. Com., art. 618 à 622, 629, 631 à 642; D. 6 octobre 1809; L. 3 mars 1840; D. 2 mars, C. A. 19 mars, 7 avril 1852; 15 juin 1855; 18 janvier 1855.	
			Sociétés industrielles et commerciales	Cod. Com., art. 18 à 65; C. 25 décembre 1807; 22 octobre 1817.	*Delangle.* — Commentaires sur les sociétés commerciales. *Troplong.* — Du contrat de société.
		5. Beaux-arts	Musées et bibliothèques publiques	O. 22 février et 2 juillet 1839; 5 août 1841.	
			Monuments historiques	C. 8 avril 1819; 9 février 1841; 16 décembre 1842; 31 octobre 1845; 22 avril 1852.	
			Sociétés savantes	O. 27 juillet 1845; C. Inst. P. 5 janvier 1851; 16 mars 1854.	*Bulletin des Sociétés savantes.* *Lamothe.* — De l'organisation des sociétés savantes en France.

6e SECTION.

XII.	Droits politiques			Élections politiques et départementales	Constit. art. 34 à 39 ; D. organ. 2 février et Inst. 17 février et 8 juillet 1852 ; 15 mai 1855.	
				Formation et révision annuelle des listes électorales	D. règl. 2 février 1852 ; C. 18 novembre 1853 ; 21 novembre 1854 ; 4 décembre 1855.	
XIII.	Jury criminel et justice criminelle.	1. Jury criminel.		Organisation	L. 4 juin 1853.	*Ch. Berriat-Saint-Prix.* — Le jury en matière criminelle.
				Liste générale et de service	C. J. 11 mai 1850 ; 26 août 1855.	
		2. Justice civile et criminelle.		Organisation	Cod. I. ; D. 16-24 août 1790 ; L. 27 ventôse an VIII ; D. 30 mars 1808 ; L. 20 avril et D. 6 juillet et 18 août 1810 ; L. 16 juin 1824 ; 25 mai 1838 ; 21 mai et O. 6 décembre 1848 ; D. 1er mars 1852 ; L. 20 mai 1854 ; 21 mars et 2 mai 1855.	
				États trimestriels des individus condamnés à l'emprisonnement	Cod. I., art. 600 et 601 ; C. 12 juillet 1844.	
				Travail annuel des grâces	O. 6 février et C. J. 17 mars 1818.	
				Menues dépenses et frais de parquet des cours et tribunaux et justices de paix	L. 18 juillet 1837, art. 30, nº 10 ; 10 mai 1838, art. 12 ; Lettre min. 18 juin suivant.	
				Distances légales	Arr. 25 thermidor an XI ; D. 16 février 1807 ; 18 juin 1811 ; art. 93 ; O. 10 octobre 1841 ; 6 décembre 1845.	
XIV.	Cultes	1º Culte catholique.	1. Organisation générale du culte catholique.		Déclaration du clergé, 19 mars 1682 ; Concordat, 26 messidor an IX ; L. organ., 18 germinal an X.	*Ouvrages embrassant l'ensemble du service des cultes.* *Affre.* — Traité de la propriété des biens ecclésiastiques. *Affre.* — Traité de l'administration temporelle des paroisses. *André* (l'abbé). — Cours théorique et pratique de législation civile et ecclésiastique. *Blanc.* — Petit manuel d'administration pour les affaires du culte catholique. *Bulletin de l'administration des cultes.* *Carré.* — Du gouvernement des paroisses *Paul Cère.* — Manuel du clergé catholique. *D. Champeaux.* — Bulletin des lois civiles ecclésiastiques. *Dalloz.* — Législation et traité des cultes.
			2. Personnel ecclésiastique	Nominations, prestation de serment, congés	Conc., art. 67 et 27 ; L. organ., art. 19 et 27 ; O. 25 décembre 1830 ; 13 mars 1832.	
				Pensions de retraite	D. 28 juin et C. C. 30 novembre 1853 ; 12 août 1854.	
				Secours personnels	C. C. 2 janvier 1835 ; 25 août 1848 ; 17 mars 1853 ; 12 août 1854.	
				Appels comme d'abus	Cod. Pén., art. 199 ; L. organ., art. 6 à 9.	*Ouvrages spéciaux.* *Affre.* — De l'appel comme d'abus. *Ans. Batbie.* — Doctrine et jurisprudence en matière d'appel comme d'abus. *Boyard.* — Des abus en matière ecclésiastique. *De Cormenin.* — Droit administratif, Vº appel comme d'abus.

XIV.	Cultes. — *Suite.*	1. Culte catholique. — *Suite.*	3. Evêchés. — Administration temporelle..			D. 6 novembre 1813; L. 2 janvier et O. 2 avril 1817; O. 14 et C. C. 29 janvier 1831.	
			4. Églises cathédrales. — Organisation et comptabilité des fabriques............			D. 30 décembre 1809, art. 111; C. C. 22 août 1822; Av. Cons. d'Et. 22 octobre 1830; 20 mars 1832.	
			5. Chapitres diocésains.................			Conc., art. 11; L. organ., art. 11, 35 et 37; Arr. 29 germinal an x; D. 28 février 1810; Décis. min. 12 octobre 1811; D. 6 novembre 1813, art. 50 à 60; L. 2 janvier et 2 avril 1817; O. 20 mai 1818; C. C. 22 août 1822; 29 décembre 1824; O. 29 décembre 1830; O. 14 et C. C. 29 janvier 1831; O. 12 mars 1832; C. C. 20 décembre 1834.	
			6. Séminaires.	Fondation et administration temporelle...........		Conc., art. 11; L. organ., art. 23 et suivants; L. 23 ventôse an XII; D. 9 avril et 30 décembre 1809; art. 107 et suivants; 6 novembre et C. C. 4 décembre 1813; L. 2 janvier et O. 2 avril 1817; O. 14 janvier et C. C. 29 janvier et 26 juillet 1831; 3 août 1835; O. 21 octobre 1839.	*Suite de la liste alphabétique des ouvrages embrassant l'ensemble du service des cultes.* *Dieulin* (l'abbé). — Le guide des curés dans l'administration temporelle des paroisses. *L. Dufour.* — Traité de la police des cultes. *Dupin aîné.* — Manuel du droit public ecclésiastique. *Gaudry.* — Traité de la législation des cultes. *Henrion.* — Manuel du droit ecclésiastique. *Journal des fabriques.* *E. Noyon.* — Traité complet de la législation sur les cultes et sur l'administration des biens des fabriques. *Prompsault* (l'abbé). — Dictionnaire de droit et de jurisprudence en matière civile ecclésiastique. *Reverchon.* — Projet de code ecclésiastique. *Vuillefroy.* — Traité de l'administration du culte catholique.
				Collation de bourses.......		D. 30 septembre 1807; 5 août 1808; C. C. 27 mars 1832; O. 2 novembre 1835; C. C. 21 mars 1836.	
				Écoles secondaires ecclésiastiques.................		O. 5 octobre 1814; 16 juin et C. C. 30 août 1828; 25 octobre 1830; 6 septembre 1831; L. 15 mars 1850, art. 70; D. 31 mars 1851.	
			7. Cures et succursales.	Érection...............		L. organ., art. 60 à 63; D. 31 mai 1804; C. C. 11 mars 1809; 21 août 1833; L. 18 juillet 1837, art. 24; C. C. 26 août 1842; 20 août 1846.	
				Établissement de vicariats..		C. C. 9 août 1845; 12 août 1844.	
				Administration temporelle..		D. 6 novembre 1813 (Voir, en outre, la législation concernant l'administration des fabriques paroissiales.	
			8. Chapelles vicariales et annexes.	Érection...............		D. 30 septembre 1807; C. 11 mars 1809; 4 juillet 1810; 8 et 11 octobre 1811; Av. Cons. d'Et. 6 novembre 1813; O. 25 août 1819, art. 3; C. C. 21 août 1833; Av. Cons. d'Et. 11 décembre 1840.	
				Administration temporelle.		Av. Cons. d'Et. 14 décembre 1810; O. 25 août et Av. Cons. d'Et. 28 décembre 1819; O. 19 janvier et 28 mars 1820; 12 janvier 1825; Décis. min. 17 mai 1831; Av. Cons. d'Et. 26 avril 1836; 20 et 23 décembre 1838; 26 mars 1839; C. C. 20 juin 1841; Décis. min. 26 mars 1843.	
			9. Chapelles de secours, oratoires et chapelles domestiques..................			L. organ., art. 44; O. 22 décembre 1812; Décis. min. 19 janvier 1819; 26 août 1820; O. 25 mars 1830; 18 novembre 1839, art. 17; Av. Cons. d'Et. 21 mai 1841; 20 mai 1842; 5 décembre 1843.	
			10. Congreg. religieuses.	1° Hospitalières...	Reconnaissance légale.	D. 18 février 1809; L. 24 mai et Inst. C. 12 juillet 1825; D. 31 janvier et C. C. 8 mars 1852.	*Durieu et Roche.* — Répertoire de l'administration des établissements charitables, V° congrégations religieuses.
					Administrat. des biens..	L. 2 janvier et O. 2 avril 1817; L. 24 mai et Inst. C. 12 juillet 1825; O. 14 janvier et C. C. 29 janvier 1831; 14 septembre 1839; 8 mars et 21 juillet 1852.	
					Traités avec les établissements charitables...	Av. Cons. d'Et. 11 avril 1837; C. 9 août et 26 septembre 1839; 31 janvier 1840; Av. Cons. d'Et. 25 avril 1843; L. 7 août 1851, art. 8.	

		Subdivisions			Législation	Ouvrages à consulter
		1. Culte catholique. — *Suite.* — 10. Congrég. religieuses. — *Suite..*	2° Enseignantes et autres..	Reconnaissance légale..	L. 2 janvier 1847 ; 24 mai et Inst. C. 12 juillet 1825 ; Av. Cons. d'Ét. 31 janvier 1840 ; L. 15 mars 1850, art. 31, 34, 49 et 79 ; D. 31 janvier et C. C. 8 mars 1852.	
				Administrat. des biens..	Voir Administration des Congr. hosp.	
		11. Fabriques paroissiales.	Organisation, conseils de fabrique...............		L. 18 germinal an x, art. 76 ; D. 30 décembre, art. 1 à 56, et C. C. 11 mars 1809 ; Décis. min. 6 septembre 1810 ; 26 mars et C. C. 17 août 1811 ; Décis. min. 18 février 1812 ; O. 12 janvier 1825.	*Ecole des Com.*, 1855, p. 146, 175, 205 ; 1845, p. 7, 56, 91, 151, 177 ; 1851, p. 86, 122 ; 1852, p. 219, 231. *Journ. des Com.* — Table vicennale. *Journal des Conseils de fabriques paroissiales et du contentieux des cultes.* *Journ. de droit admin.*, 1854, p. 17, 49, 89, 99, 258, 318, 479. *Larade.* — Guide et formulaire des fabriques. *Labesnier.* — Traité de la législation complète des fabriques. *Rio.* — Manuel des conseils de fabrique. *Roy (Lucien).* — Le Fabricien comptable.
			Comptes et budgets.......		D. 30 décembre 1809, art. 36 à 50, 82 à 92 ; L. 18 juillet 1837, art. 21 ; C. C. 15 mars 1859 ; C. 16 janvier 1840.	
			Baux.....................		D. 12 août 1807 ; 30 décembre 1809, art. 60 et 61 ; Arr. Cons. d'Ét. 22 juin 1810 ; O. 7 octobre 1818 ; C. 12 avril 1819 ; L. 25 mai 1855.	
			Acquisitions, aliénations, échanges............		D. 30 décembre 1809, art. 12 et 62 ; L. 2 janvier et O. 2 avril 1817 ; C. 12 avril 1819 ; O. 14 janvier et C. C. 29 janvier 1831 ; C. C. 19 janvier et 22 mai 1833 ; L. 18 juillet 1837, art. 21 ; C. F. 6 septembre 1840.	
			Placement de capitaux en rentes sur l'État et remboursements...........		D. 30 décembre 1809, art. 63 ; C. 12 mai 1819 ; O. 14 janvier et C. 29 janvier 1831.	
XIV.	Cultes.........		Contentieux.............		Code Nap., art. 2045 ; Arr. 21 frimaire an XII ; D. 30 décembre 1809, art. 77 à 81 ; 18 janvier 1815 ; O. 14 janvier et C. C. 29 janvier 1831 ; L. 18 juillet 1837, art. 59.	
		2. Cultes protestants........	Organisation.........................		L. 18 germinal an x ; D. 26 mars 1852.	*Le Lien*, journal des églises réformées de France. *Le Journal l'Espérance.*
			Conseils presbytéraux et consistoires.......		Arr. min. 10 et C. C. 14 septembre, D. et Inst. C. 10 novembre 1852 ; Arr. min. 20 mai et Inst. C. 21 mai 1853.	
			Nomination, installation et congés des pasteurs..........................		L. 18 germinal an x, art. 19, 20 et 26 ; C. C. 25 mai 1807 ; 30 mai 1820 ; 29 octobre 1832 ; 3 octobre 1835 ; D. 26 mars 1852, art. 5 ; Arr. min. 20 mai 1853.	
			Travaux et comptabilité des temples protestants..........................		C. C. 28 janvier 1839.	
		3. Culte israélite..................................			D. 30 mai et R. 10 décembre 1806 ; D. 17 mars 1808 ; R. 15 octobre 1832 ; O. 19 juillet et 3 décembre 1841 ; 25 mai 1844.	*Théophile Hallez.* — Traité des juifs en France.
		4. Cultes non reconnus..............................			Cod. Pén. art. 291 à 294 ; L. organ. art. 9, 10, 50, 51 et 55 ; L. 10 avril 1834 ; Inst. 10 octobre 1834.	
		5. Dons et legs aux établissements religieux..............			Cod. Nap., art. 910, 932, 933 et 937 ; D. 12 août 1807 ; 30 décembre 1809, art. 58 et 59 ; 6 novembre 1813 ; L. 2 janvier et O. 2 avril 1817 ; C. 12 avril 1819 ; L. 25 mai et Inst. C. 12 juillet 1825 ; O. 14 janvier et C. C. 29 janvier 1831 ; 14 septembre 1839 ; Av. Cons. d'Ét. 4 mars 1841.	*Grenier.* — Traité des donations, des testaments et de toutes autres dispositions gratuites. *Thibaut-Lefèvre.* — Code des donations pieuses.
XV.	Instruction publ.	1. Organisation universitaire...........................			D. 17 mars 1808 ; L. 15 mars 1850 ; 14 juin, D. 22 août et C. Inst. prim. 19 août, 15 septembre et 27 décembre 1854.	

XV.	Instruction publ. — *Suite.*	2. Conseils académiques et départ.	Organisation		L. 15 mars, art. 10 à 15, et C. Inst. publ., 30 août 1850; D. 9 mars 1852, art. 3; L. 14 juin, art. 3, 4, 5 et 6, et D. 22 août 1854, art. 14, 26 et 27; C. Inst. publ. 8 mai 1855.	*Amb. Rendu.* — Code universitaire. *Barrau.* — Législation de l'instruction publique. *Bulletin* administratif de l'instruction publique depuis le 1er janvier 1850. *Journ.* général de l'instruction publique. *Revue* de l'instruction publique. *Bulletin* universitaire, de janvier 1828 au 31 décembre 1840. *Eug. Rendu.* — De la loi de l'enseignement. *P. Dupont.* — Réforme de l'enseignement.
		2. Conseils académiques et départ.	Attributions		L. 15 mars, art 14 à 17, 28, 30, 32, 33, 35, 36, 41, 51 à 53, 77, et R. 29 juillet 1850, art. 17 à 30; L. 14 juin, art. 4 et 7, et D. 22 août 1854, art. 14 et 28.	
		3. Recteurs et inspecteurs d'académie			L. 15 mars 1850, art 18 et 19; 14 juin, art 9; D. 22 août, art. 17 à 21; C. Inst. publ. 31 octobre et 9 novembre 1854; 6 février 1855.	
		4. Instruction supérieure	Facultés		D. 17 mars 1808; Statut 9 avril 1825; D. 10 avril 1852; 22 août, art. 2 et 3, et C. Inst. publ. 28 décembre 1854; Arr. min. et C. Inst. publ. 10 janvier, et Statut 20 décembre 1855; C. Inst. publ. 15 février 1856.	
		4. Instruction supérieure	Ecoles supérieures et préparatoires de médecine et de pharmacie		O. 27 septembre et 13 octobre 1840; D. 22 août, 28 octobre, C. Inst. publ. et R. 23 décembre 1854; C. Inst. publ. 2 février 1855.	
		4. Instruction supérieure	Ecoles préparatoires à l'enseignement supér.		D. 22 août 1854, art. 4; D., même date, art. 10 et 11; R. 26 décembre suivant.	
		5. Ecoles spéciales	Ecole normale supérieure		R. et C. Inst. publ. 19 décembre 1850; D. 10 avril, Arr. collectif 13 septembre, et Arr. min. 15 septembre 1852; D. 22 août 1854, art. 13; C. Inst. publ. 16 février 1855.	
		5. Ecoles spéciales	—— polytechnique		L. 13 juin 1850; D. 1er septembre et Arr. collectif 13 septembre 1852; Inst. G. 6 et 18 avril 1853; Inst. G. annuelle.	
		5. Ecoles spéciales	—— impériale spéciale militaire de St-Cyr.		L. 5 juin, et D. 11-18 août 1850; Arr. collectif 13 septembre 1852; Inst. G. 4 novembre 1853; 20 mars et 7 avril, et D. 18 avril 1855; Inst. G. annuelle.	
		5. Ecoles spéciales	—— de la marine		O. 1er novembre 1830; 24 avril 1832; 4 mai 1833; L. 5 juin 1850; Arr. collectif 13 septembre 1852; Inst. M. 10 janvier 1855.	
		5. Ecoles spéciales	—— forestière		O. 1er décembre et 26 août 1824; 21 décembre 1840; 15 décembre 1841; Arr. collectif 13 septembre 1852; R. 25 février 1853; 13 mars 1855.	
		5. Ecoles spéciales	Ecoles d'arts et métiers		O. 26 février 1817; 23 septembre 1832; 30 juin 1843; Arr. 19 décembre 1848; C. A 29 juin et 11 juillet 1849; 12 mars et 10 juillet 1850; 22 juin 1853; C. A. annuelle.	
		5. Ecoles spéciales	—— impériales vétérinaires		O. 1er septembre 1825; C. A. 12 novembre 1855.	
		5. Ecoles spéciales	Prytanée impérial de la Flèche		D. 23 mai, et Inst. G. 28 mai 1853.	
		6. Instruction secondaire	Lycées impériaux	Création et règl. généraux	L. 15 mars 1850, art. 72, 73 et 75; D. 10 avril, C. Inst. publ. 22 mai, Arr. min. 29 et 30 août, 10 et 14 septembre 1852; 26 janvier, D. 17 août, Arr. min. 1er septembre, C. Inst. publ. 2 et 13 septembre, et Arr. min. 29 décembre 1853; C. Inst. publ. 19 janvier, Arr. min. 13 mars et 7 avril, C. Inst. publ. 7 et 18 avril, 13 novembre 1854.	
		6. Instruction secondaire	Lycées impériaux	Collation de bourses	D. 7 févrir, Arr. min. 9 février, et C. Inst. publ. 16 février, Arr. min. 8 avril, et C. Inst. 14 avril 1852; Arr. min. 21 mai, et C. Inst. publ. 28 et 31 mai 1853.	
		6. Instruction secondaire	Lycées impériaux	Comptabilité	O. 31 mai 1838, art. 659 et suivants; Inst. gén. F. 17 juin 1840, art. 257 à 279; Arr. min. 20 juillet, C. Inst. publ. 23 novembre, et R. 16 décembre 1841; 18 février, 18 et 19 décembre 1850, 27 novembre et 1er décembre 1851; D. 16 avril, C. Inst. publ. 31 avril, 9 septembre, et R. 22 octobre 1853; Arr. min. 14 mars, et D. 30 septembre 1854; Arr. min. 21 février 1855.	
		6. Instruction secondaire	Colléges communaux		D. 15 novembre 1811; C. Inst. publ. 12 août 1815; O. 28 août 1826; Av. C. d'Ét. 28 novembre 1835; Arr. min. 14 novembre 1845; L. 15 mars 1850, art. 74 et 75; C. Inst. publ. 20 janvier 1851; 14 avril 1852; 29 avril 1853; 15 avril, D. 22 août, art. 22, et C. Inst. publ. 24 novembre 1854.	

XV.	Instruction publ. — *Suite.*	6. Instruction second. — *Suite.*	Institutions libres		L. 15 mars, art 60 à 71, et D. 20 décembre 1850 ; C. Inst. publ. 4 et 12 janvier, et D. 31 mars 1851.	
			Etrangers enseignant en France		L. 15 mars, art. 78, et R. 5 déc. 1850 ; C. Inst. publ. 17 février, 14 mai et 7 juin 1851.	
		7. Instruction primaire	Inspection primaire		L. 15 mars, art. 18 à 23, E. 29 juillet, Arr. min. 16 décembre, et C. Inst. publ. 24 décembre 1850 ; Arr. min. 3 janvier, et C. Inst. publ. 21 janvier 1851 ; D. 9 mars 1852, art. 5 ; C. Inst. p. 23 juin 1853 ; Arr. min. 20 janvier, et C. Inst. p. 6 février, D. 22 août 1854, art. 24 ; Arr. min. 14 août, C. Inst. publ. 21 août, 8 sept. et 24 oct. 1855.	
			Délégation cantonale		L. 15 mars, art. 18, 29, 42 et 43 ; D. 29 juillet, art. 45 et 46, 7 octobre, art. 7 et 12, et C. Inst. publ. 24 décembre 1850 ; 3 février, 12 avril et 18 mars 1854 ; 16 mai 1855.	*Bulletin* de l'instruction primaire, 1854, et années suivantes. *Demoyencourt.* — Guide des délégués cantonnaux. *Magendie.* — Code-Répertoire annoté de la nouvelle législation sur l'instruction primaire. *Manuel* général de l'instruction primaire. *Nau et Delalain.* — Actes de la législation de l'instruction primaire antérieurs au 15 mars 1850, non abrogés par la nouvelle loi. *Nau et Delalain.* — Annales législatives de l'instruction primaire.
			Commissions d'examen pour le brevet de capacité		L. 15 mars, art. 23, 46 et 63, D. 29 juillet 1850, art. 50 ; Arr. min. 16 août 1852 ; R. 15 février, et C. Inst. publ. 15 octobre 1853 ; 26 janvier 1854 ; 8 mai 1855.	
			Ecoles normales primair.	Directeurs, maîtres adjoints et commiss. de surveill.	D. règl. 24 mars, art. 6 à 15 ; C. Inst. p. 24 avril, et Décis. min. 30 juin 1851 ; C. Inst. p. 31 oct. 1854.	
				Admission des élèves-maîtres.	L. 15 mars 1850, art. 79 ; D. 24 mars 1851 ; C. Inst. p. 31 octobre 1854 ; 2 février 1855.	
				Admin. et comptabilité.	Inst. gén. F. 17 juin 1840, art. 393 à 398 ; D. règl. 26 décembre 1855.	
			Instituteurs communaux	à titre définitif	L. 15 mars 1850, art. 23, 26, 31 à 34 ; D. 9 mars, art. 4, et C. Inst. publ. 3 avril 1852 ; 2 et 18 mars, et D. 31 décembre 1853, art. 1er et 3 ; C. Inst. publ. 3 février, L. 14 juin, art. 8, et C. Inst. publ. 31 octobre 1854.	
				suppléants.	D. 31 décembre 1853, art. 2 à 5 ; C. Inst. publ. 3 février, L. 14 juin, art. 8, et C. Inst. publ. 31 octobre 1854.	
				adjoints.	L. 15 mars 1850, art. 34 et 79.	
				à titre provisoire.	D. 7 octobre, art. 15 et 16, et C. Inst. publ. 24 décembre 1850 ; 3 févier 1854.	
			Institutrices communales.		L. 15 mars 1850, art. 49 et 51 ; C. Inst. publ. 28 février 1851 ; D. 31 décembre 1853, art. 6 à 10 ; C. Inst. publ. 3 février et 31 octobre 1854.	
			Ecoles prim. libres	Ouverture.	L. 15 mars, art. 27 à 31, C. Inst. publ. 31 août, D. 7 octobre, art. 1er à 7, et C. Inst. publ. 24 décembre 1850 ; 4 février 1851 ; D. 9 mars 1852, art. 4 ; L. 14 juin 1854, art. 8.	
				Inspection.	L. 15 mars 1850, art. 21 et 22 ; C. Inst. publ. 10 mai 1851.	
			Pensionnats primaires.		L. 15 mars, art. 53, C. Inst. publ. 31 août, et décret 30 décembre 1850.	
			Ecoles libres de filles tenues par des communautés religieuses.		L. 15 mars 1850 ; art. 49 à 53 ; C. Inst. publ. 28 février et 10 mai 1851 ; D. 31 décembre 1853, art. 10 et 12 ; C. Inst. publ. 28 janvier, 20 mars et 28 décembre 1854.	
			Ecoles d'adultes et d'apprentis.		L. 15 mars 1850, art. 54 et 55.	
			Ecoles indûment ouvertes.		L. 15 mars 1850, art. 29 et 66 ; C. Inst. publ. 4 février 1851.	
			Ouvroirs annexés aux écoles primaires.		Règl. C. royal de l'Inst. publ. 28 juin 183[illegible].	*Ecole des com.*, 1846, p. 253 ; 1854, p. 228.
			Mobilier des écoles communales.		L. 15 mars 1850, art. 57 ; C. Inst. publ. 7 mars 1854.	
			Comptabilité.	Traitement des instituteurs.	L. 15 mars, art. 38, D. 7 octobre 1850 ; 31 déc. 1853, art. 4, 5 et 9 ; C. Inst. p. 31 janv. 1854.	
				Imposit. annuelles et subv.	L. 15 mars 1850, art. 40 ; C. Inst. publ. 17 sept. 1852 ; 16 sept. 1854 ; C. 16 janv. 1855.	

					Textes	Ouvrages
XV.	Instruction publ. — *Suite*.	7. Instruction primaire. — *Suite*.	Comptabilité.	Rétribution scolaire et réduction des rôles.	L. 15 mars, art. 41, et D. 7 octobre 1850; C. Inst. publ. 31 mars 1851; D. 31 décembre 1853, art. 13 et 14; C. Inst. publ. 31 janvier 1854.	
				Liste des enfants indigents..	L. 15 mars, art. 24 et 45, D. 7 octobre 1850, art. 10; 31 décembre 1853, art. 13; C. Inst. publ. 31 janvier 1854; 28 février 1853.	
				Admission gratuite des enf. assistés aux écoles prim.	C. Inst. P. 10 décembre 1855; C. 12 février 1856.	
				Pensions de retr. et retenues	L. 9 juin, D. 9 novembre, et C. Inst. publ. 24 décembre 1853; C. F. 14 février 1854.	
		8. Salles d'asile.	Organisation; examen des aspirantes......		L. 15 mars 1850, art. 57 à 60; D. 16 mai 1854; 21 mars, et Arr. min. 22 mars, C. Inst. publ. 18 mai et 16 juin 1855; 14 février 1856.	*L'Ami de l'Enfance*, journal des salles d'asile. *Cochin*. — Manuel des salles d'asile. *Jubé de la Perelle*. — Guide des salles d'asile. *Delalain*. — Nouvelle législation des salles d'asile.
			Comités locaux de patronage.............		D. 21 mars 1855, art. 14 et 15.	
			Nomination des directrices............		D. 9 mars 1852, art. 4; L. 14 juin 1854, art. 8, D. 21 mars 1855, titre IV.	
			Mobilier.		Arr. 22 mars 1855, art. 20 à 25.	

7e SECTION.

					Textes	Ouvrages
XVI.	Institutions de prévoyance.	1. Sociétés de charité maternelle			D. 2 février, et R. 15 avril 1853.	*Journ.* de droit admin. 1853, p. 72 et 270.
		2. Crèches.			C. 15 août 1845; 22 juillet 1846; 14 mai 1849; 16 novembre 1852.	*Bulletin* des crèches. *Marbeau*. — Des crèches.
		3. Colonies agricoles et pénitentiaires.			L. 5 août 1850; Arr. min. 26 décembre 1851; C. janvier 1852.	
		4. Inspection du travail des enfants dans les manufactures. ...			L. 22 mars 1841; C. A. 25 septembre 1854.	*Ecole des com.* 1854, p. 65.
		5. Contrats d'apprentissage..........................			L. 22 février, et C. A. 10 avril 1851; 22 juin 1855.	*Ecole des com.* 1851, p. 94.
		6. Caisse de retraites pour la vieillesse..................			L. 18 juin 1850; C. Caisse dép. et cons. 6 mai, 18 juillet et 20 septembre 1851; C. 7 janvier, C. Caisse des dép. et cons. 20 mars; C. 5 mai, L. 28 mai, C. 15 juin, D. 18 août 1853; C. 30 janvier 1855.	*Beauvisage*. — Guide du déposant à la caisse des retraites pour la vieillesse. *Trescaze*. — Notice sur la caisse des retr. p. la vieillesse.
		7. Banques de pret d'honneur.......................			C. 20 février 1850.	*Journ. des com.*, 1850, p. 164.
		8. Caisses d'éparg.	Organisation..................		L. 5 juin, et Av. cons. d'Et. 25 août 1835; L. 31 mars 1837; 22 juin 1845, art. 5; O. 28 juillet 1846; L. 15 juillet 1850, art. 6; 30 juin, et C. A. 30 août 1851; L. 7 mai, et C. A. 29 août 1853.	*Claverie*. — Des caisses d'épargne et de leurs caissiers. *Prevost-Agathon*. — Manuel des caisses d'épargne.
			Comptabilité.....................		D. 15 avril, et Inst. gén. A. 17 décembre 1852; C. A. 20 mai, 29 août, 24 et 26 décembre 1853; 20 février 1856.	
		9. Sociétés de secours mutuels.	1° Sociétés déclarées établiss. d'utilité publ.		L. 15 juillet, et C. 25 juillet 1850; D. 26 avril, 14 juin, et C. A. 6 septembre 1851; D. 26 mars 1852, art. 17; C. 3 février 1853.	*Prudhomme*. — Code formulaire des sociétés de secours mutuels. *Hubbart*. — De l'organisation des sociétés de prévoyance. *Journ.* de droit admin., 1853, p. 487; 1854, p. 169. *Roret*. — Manuel des sociétés de secours mutuels.
			2° Sociétés approuvées..............		D. 26 mars, C. 29 mai, 21 septembre, C. P. G. 28 octobre, C. G. 13 novembre, et C. 9 décembre 1852; C. et Arr. min. 5 janvier, C. 25 février, 15 et 20 avril, 18 août et 29 octobre 1853; 31 juillet 1854; 5 février et 2 juillet 1855.	
			3° Sociétés libres..................		Cod. P. art. 291 et 292; L. 10 avril 1834; D. 25 mars, art. 18, C. P. G. 29 mars, 5 mai et 28 octobre 1852; C. 12 décembre 1853.	
			4° Comptabilité.....................		C. 25 février et 25 décembre 1853; C. Caisse des dép. et cons. 1er mai, et C. 30 décembre 1854; 8 décembre 1855.	

XVI.	Institutions de prévoyance. — *Suite.*	10. Sociétés diverses d'assurance	Cod. Com., art. 37; D. 1er avril et Av. cons. d'Ét. 15 octobre 1809; C. 24 janvier 1810; 22 octobre 1817; 11 juillet 1818; 9 avril et 25 octobre 1819; 14 juillet 1820; 11 août 1836; O. 12 juin 1842; 25 juin 1846.	*Alauzet.* — Traité général des assurances. *Boudousquié.* — Traité des assur. contre l'inc. *Bullet. officiel*, 1853, p. 90. *Ecole des com.*, 1853, p. 181. *Journ.* de droit adm., 1853, p. 337; 1854, p. 33 et 326. *Vitcoq.* — Manuel des assurances.
		11. Bureaux de placement pour les ouvriers	D. 27 mars, et O. Préf. de police, 6 octobre 1852.	*Revue* administ., 1848, p. 210.
		12. Loteries de bienfaisance	L. 21 mai 1836; O. 29 mai 1844; C. 22 décembre 1845; 13 novembre 1852.	
		13. Ateliers de charité	L. 24 messidor an XII; C. 19 novembre 1853; 28 novembre 1853.	
		14. Bains et lavoirs publics	L. 3 février, et C. 26 février 1851; 3 avril 1852.	*Journ.* de droit adm., 1853, p. 90; 1853, p. 271.

8ᵉ SECTION.

XVII.	Établissements de bienfaisance.	1. Assistance judiciaire		L. 22 janvier, et C. 29 mars 1851.	*Dorigny.* — De l'assistance judiciaire. *Journ. des com.*, 1854, p. 82. *Journ.* de droit admin. 1855, p. 266; 1854, p. 141, 234.
		2. Aliénés	Organisation générale du service des aliénés.	L. 30 juin, C. 23 juillet et 18 septembre 1838; 10 avril, et O. régl. 18 décembre 1839; C. 16 août 1840; 12 août 1841; 28 décembre 1842; 3 décembre 1843; 30 avril et 16 août 1843; 2 juillet 1846; 28 mars 1847; D. 25 mars 1852, art. 5, nº 4.	
			Asiles publics. — Administration	O. 18 décembre 1839, art. 1er à 14; C. 1er février 1841; 30 avril 1843; 2 juillet 1846.	*Delamothe.* — Sur les asiles d'aliénés. *Durieu* et *Roche.* — Répertoire de l'administration charitable, vº aliénés. *Ecol. des com.*, 1835, p. 205. *H. Girard.* — De la constitution et de la direction des asiles d'aliénés. *Journ. des com.*, table vicennale, vº aliénés. *Lisle.* — Examen médical et administratif de la loi du 30 juin 1838. *Parchappe.* — Des principes à suivre dans la fondation et la construction des asiles d'aliénés. *De Watteville.* — Code de l'administration charitable.
			Asiles privés. — Ouverture et administration.	L. 30 juin 1838, art. 5 à 7; O. 18 décembre 1839, art. 17 à 35; D. 25 mars, art. 1er, tabl. A, nº 52, et C. 5 mai 1852; 20 avril 1853.	
			Asiles privés. — Traités avec ces établissements	C. 5 août 1839; 16 août 1842; D. 25 mars, art. 1er, tabl. A, nº 19, et C. 5 mai 1852.	
			Placements volontaires dans les asiles	L. 30 juin, art. 8 à 18, et C. 23 juillet 1838.	
			Placements d'office	L. 30 juin 1838, art. 18 à 24; C. 5 juillet et 28 décembre 1839; 25 juin et 25 décembre 1840.	
			Aliénés non dangereux. — Placements	C. 23 juillet, 18 et 21 septembre 1838; 10 avril et 5 août 1839; 14 août 1840; 16 août 1843; 5 mai 1852.	
			Aliénés non dangereux. — Concours des communes dans la dépense	L. 30 juin 1838, art. 28; C. 5 juillet 1839; 5 août 1840; 12 août 1841; D. 25 mars, art. 1er, tabl. A, nº 18, et C. 5 mai 1852.	

XVII.	Etablissements de bienfaisance. — *Suite.*	2. Aliénés. — *Suite*	Aliénés étrangers et domicile de secours		Décis. min. 17 fév., et C. 23 juin 1840.	*Bullet. offic.*, 1838, p. 185; 1852, p. 147 et 530.
			Maintenues et sorties		L. 30 juin 1838, art. 13, 14, 16, 29 et 30; C. 25 juin et 25 décembre 1840; 15 juin 1841; 28 mars 1847.	
			Comptabilité du service		L. 30 juin 1838, art. 25 à 28; C. 10 avril et 5 août 1839; 5 et 14 août 1840; 16 août 1842; D. 25 mars, tabl. A, nos 18, 20 et 21, et C. 5 mai et 5 août 1852; 3 octobre 1853; 17 novembre 1854.	
		3. Enfants assistés	Organisation générale du service		L. 27 frimaire et R. 30 ventôse an V; L. 15 pluviôse an XIII; D. 19 janvier 1811; Inst. 8 février 1823; Décis. min. 18 mai 1824.	*De Curzon.* — Etudes sur les enfants trouvés.
			Admissions	après exposition ou abandon	Cod. Nap., art. 55 et 58; Cod. pén., art. 348 à 354; D. 19 janvier 1811, art. 2, 3 et 5; C. 30 juin 1812; Inst. 8 février 1823; C. 8 novembre 1841; 7 août 1852.	*Durieu et Roche.* — Répertoire de l'administration charitable, Vis enfants trouvés.
				d'orphelins pauvres	Av. Cons. d'Et. 20 juillet 1842; C. 12 juillet 1843.	*L. Lamothe.* — De l'organisation du service extérieur des enfants trouvés et des agents qui concourent à ce service.
			Nourrices et placement des enfants à la campagne		D. 19 janvier 1811, art. 7 à 10; Inst. 8 février 1823; C. 12 mars et 13 août 1841; 12 janvier 1842.	*De Watteville.* — Législation charitable et code de l'administration charitable.
			Réclamation des enfants et remise à leurs parents		D. 19 janvier, art. 21, et C. 13 juillet 1811; Arr. min. 26 octobre, et C. 17 novembre 1813; Inst. 8 février 1823.	
			Recherches du domicile de secours		L. 24 vendémiaire an II, titre V; C. 25 octobre 1854.	*Bullet. offic.*, 1851, p. 96.
			Dépenses	intérieures	D. 19 janvier 1811, art. 11; Inst. 8 février 1823; C. 13 août 1841; 21 juillet 1843; 5 août 1844; 15 septembre 1847; D. 25 mars, tabl. A, no 18, et C. 5 mai 1852; 7 août 1855.	
				extérieures	L. 18 juillet 1837, art. 30; 10 mai 1838, art. 12; C. 21 août 1839; 3 août 1840; 15 août 1841; 12 septembre 1845; D. 25 mars, tabl. A, no 18, et C. 5 mai 1852.	
				Paiement des mois de nourrices et indemnités	Arr. 30 ventôse an V; C. 23 juillet 1828; O. 28 juin et C. 19 août 1833; 30 janvier 1834; 12 mai 1836; 21 juillet 1843.	*Bullet. offic.*, 1850, p. 52; 1852, p. 344. *Mémorial des percepteurs*, 1850, p. 64.
		4. Sourds-muets et jeunes aveugles	1° Sourds-muets		O. 21 février, et Arr. min. 22 juin 1841; R. 27 juillet et 6 septembre 1847.	*De Watteville.* — Des institutions consacrées à l'éducation des sourds-muets.
			2° Jeunes aveugles		Arr. min. 10 octobre 1815; 22 juin 1841; C. 10 juillet 1844; 28 novembre 1849; R. 27 août 1853.	*Ouvrages embrassant l'ensemble du service.*
		5. Hospices et hôpitaux	Création		Av. Cons. d'Et. 17 janvier, et C. 3 novembre 1806; C. 5 mai 1852.	*Durieu et Roche.* — Répertoire de l'administration et de la comptabilité des établissements de bienfaisance.
			Commissions administr.	Nomination, renouvellement	D. 7 germinal an XIII; 23 mars, et C. 5 mai 1852.	*C. Thannberger.* — Guide des administrateurs et agents des hôpitaux et hospices.
				Attributions	L. 16 messidor an VII; O. 31 octobre 1821; Inst. 8 février 1823; C. 31 janvier 1840; L. 7 août 1851, art. 7 et suivants.	*De Watteville.* — Code de l'administration charitable et législation charitable.
			Employés	Nomination	O. 31 octobre 1821; Inst. 8 février 1823; L. 7 août 1851, art. 14.	
				Pensions de retraite	D. 7 février 1809; O. 6 septembre, et C. 26 septembre 1820; Inst. 8 février 1823; D. 25 mars, tabl. A, nos 38, et C. 5 mai 1852.	

						Ouvrages ou documents spéciaux.
XVII.	Etablissements de bienfaisance. — *Suite.*	5. Hospices et hôpitaux.....	Traités avec les congrégations hospitalières..		C. 26 septembre 1839; 31 janvier 1840; Av. Cons. d'Et 23 avril 1845; L. 7 août 1851, art. 8. ..	*Journal des com.*, 1853, p. 143.
			Service intérieur........................		C. 31 janvier 1840; L. 7 août 1851, art. 7 et 8.	
			Administrat. des biens..	Acquisitions, aliénations, échanges............	Cod. Nap., art. 1596; O. 31 octobre 1821; Inst. 8 février 1823; Av. Cons. d'Ét. 5 avril 1833; Inst. 20 novembre 1836; L. 18 juillet, art. 21, O. 11 novembre, et C. 21 novembre 1837; O. 6 juillet, et C. 14 juillet 1846; L. 7 août 1851, art. 9 et 10; D. 25 mars, tabl. A, nº 41, et C. 5 mai 1852.	*Ecole des com.*, 1841, p. 132; 1846, p. 270; 1847, p. 24.
				Baux....................	Cod. Nap., art. 1712; Arr. G. 7 germinal, et C. 5 floréal an IX; Arr. 14 ventôse an XI; D. 12 août et C. 11 septembre 1807; L. 15 mai 1818, art. 78; O. 31 octobre 1821; Av. Cons. d'Et. 23 décembre 1823; L. 23 mai 1835; Inst. gén. des fin. 17 juin, art. 899, et Décis. min. 10 octobre 1840; O. 6 juillet et C. 14 juillet 1846; L. 7 août 1851, art. 8; D. 25 mars, tabl. A, nº 41, et C. 5 mai 1852. ..	*Bullet. offic.*, 1853, p. 152.
				Adjudications et marchés ..	L. 16 messidor an VII; D. 10 brumaire an XIV; 12 août, et C. 11 septembre 1807; O. 14 novembre 1837; C. 9 juin 1838; 14 février 1839; 10 février 1840; L. 7 août 1851, art. 8 à 11 et 15; C. 5 mai 1852.	
				Assurance des propriétés bâties contre l'incendie....	C. 21 octobre 1826; 9 avril 1829; 10 août 1836; 9 août 1842; D. 25 mars, tabl. A, nº 52, et C. 5 mai 1852.	
			Fondation de lits......................		D. 28 fructidor an X; 16 fructidor, et C. 23 fructidor an XI.	
			Dons et legs.	Formalités pour l'acceptation	Cod. Nap, art. 910 et 937; C. 6 avril 1812; 19 février et O. 2 avril 1817; C. 28 juillet 1827; 10 novembre 1834; L. 18 juillet 1837, art. 19, nº 9, et art. 48; C. 23 avril 1838; 11 juillet 1839; O. 6 juillet, et C. 14 juillet 1846; 1er juin 1850; L. 7 août 1851, art. 9 à 12; D. 25 mars, tabl. A, nº 42, et C. 5 mai 1852; 23 janvier 1856.	*Bullet. offic.*, 1843, p. 198; 1854, p. 29. *Coin-Delisle.* — Donations et testaments. *Ecole des com.*, 1838, 2e partie, p. 15; 1841, p. 132; 1844, p. 309, 319; 1846, p. 270; 1855, p. 85, 113 et 148. *Grenier.* — Traité des donations, des testaments et de toutes autres dispositions gratuites. *Journ. des com.*, table vicennale, Vis dons et legs et établissements de bienfaisance, 1853, p. 239. *Thibaut-Lefèvre* — Code des donations pieuses.
				Dons manuels et anonymes.	Arr. cass. 26 septembre 1823; C. 28 juillet 1827; Av. Cons. d'Et. 17 et 22 septembre 1830	
				Recouvrements et réclamat.	Arr. 19 vendémiaire an XII; C. 24 mars 1825.	
			Admission...	à titre gratuit...........	L. 24 vendémiaire an II; C. 21 germinal an XII; 12 janvier 1820; Av. Cons. d'Et. 14 août, et C. 20 décembre 1833; 31 janvier 1840; Décis. min. 31 janvier 1844; C. 21 août 1850; L. 7 août 1851, art. 1er. ..	*Ecole des com*, 1840, p. 149; 1849, p. 245.
				moyennant abandon de biens ou de capitaux.........	D. 25 juin 1806; C. 26 juillet 1833; 31 janvier 1840.	
				des aliénés à titre provisoire.	L. 30 juin, art. 24; C. 25 juillet et 18 septembre 1838; 6 juin 1851.	
				des militaires et marins....	Arr. G. 24 thermidor an VIII; C. 1er juillet 1823; 6 novembre 1824; 23 juillet 1825; 15 juillet 1826; 31 janvier 1840; Décis. min. G. 29 mars 1843; C. 7 octobre 1846.	
				des prisonniers..........	L 4 vendémiaire an VI, art. 16; D. 8 janvier, et C. 17 juillet 1810; 18 juin 1822; Décis. min. 22 août 1826; Règl. 30 octobre 1841, art. 76; C. 25 août 1849.	
		6. Bureaux de bienfaisance.	Création............................		L. 7 frimaire an V; C. 5 mai 1852.	
			Commissions administratives............		D. 25 mars, 17 juin, et C. 5 mai 1852. ..	*Durieu et Roche et de Watteville.* — Ouvrages précités.

					Législation	Ouvrages à consulter
XVII.	Établissements de bienfaisance. — *Suite.*	6. Bureaux de bienfaisance. — *Suite*...	Secours à domicile		O. 31 octobre 1821; Inst. 8 février 1823. *(Voir, pour le surplus, la législation qui régit l'administration des hospices et hôpitaux.)*	
		7. Service cantonal de médecine et de pharmacie			C. 15 août 1854; 22 août 1853.	*École des com.*, 1841, p. 74. *Journ. des com.*, 1851, p. 122.
		8. Monts-de-piété			L. 16 pluviôse an XII; O. 18 juin, et C. 15 juillet 1823; L. 24 juin 1851.	*Blaize.* — Des monts-de-piété.
		9. Comptabilité	1° Espèces	Receveurs. — Nomination, cautionnement	L. 28 avril 1816, art. 96; O. 31 octobre 1821; 6 juin, et C. 16 septembre 1830; O. 17 septembre, et C. 15 décembre 1837; O. 31 mai 1838, art. 509 et 510; Inst. gén. F. 17 juin 1840, art. 1008 et suivants, 1050 et suivants; C. 1er mars 1843; D. 6 juin, et C. F. 15 juin 1850; L. 7 août 1851, art. 14; D. 25 mars, art. 5, n° 9, et C. 5 mai 1852.	
				Receveurs. — Attributions et responsabilité	L. 16 vendémiaire an V; Arr. 19 vendémiaire an XII; Inst. 8 février 1823; O. 28 juin 1833; Inst. gén. F. 17 juin 1840, art 898 et suivants, 1074 et 1075.	*Durieu.* — Mémorial des percepteurs.
				Receveurs. — Remises	O. 17 avril, C. 23 avril, O. 23 mai, C. F. 1er juin 1839; 12 février 1840; 20 avril 1843; 24 décembre 1846.	*Lucien Roy* — Traité pratique de l'administration financière des communes et des établissements de bienfaisance.
				Budget, formation, vote et exécution	O. 31 octobre 1821; Inst. 8 février 1823; C. 1er mars et 10 avril 1833; 13 juin et 11 novembre 1836; L. 18 juillet, art. 21, n° 6; O. 17 septembre, et C. 30 septembre 1837; O. 31 mai 1838, art. 498 et suivants; C. 16 novembre 1839; Inst. gén. F. 17 juin 1840, art. 895 à 952; Inst. 25 septembre 1841; O. 24 janvier 1843; L. 7 août 1851, art. 9 et 10, 12 et 13; D. 25 mars, et C. 5 mai 1852.	
				Restes à recouvrer et non-valeurs	C. 31 août 1842; 28 janvier 1843; 18 novembre 1843; 16 juillet 1853.	
				Placements en compte-courant au Trésor et remboursements	D. 27 février 1811; Arr. min. F. 25 novembre 1821, et C. F. 6 décembre 1823; Inst. gén. F. 17 juin 1840, art. 624 et suivants.	
				Remboursement de rentes ou de capitaux par les particuliers et achats de rentes sur l'État	Av. Cons. d'Ét. 21 décembre 1808; C. 2 février 1809; D. 16 juillet 1810; C. 25 août 1813; O. 2 avril 1817, art. 6; C. 21 juin 1819; Inst. 8 février 1823, titre III, chap. II; C. 24 septembre 1825; O. 23 juin et C. 19 août 1833; 8 juillet 1856; L. 7 août 1851, art. 9 et 10.	
				Emprunts	L. 18 juillet 1837, art. 21; Inst. gén. F. 17 juin, art. 920, et C. 12 août 1840; L. 7 août 1851, art. 9 et 10.	
				Hypothèques. — Inscription et main levée	Cod. Nap., art. 2114 et suivants; D. 11 thermidor an XII; C. 30 mai 1820; 10 avril 1835.	*Baudot* — Traité des formalités hypothéc.
				Poursuites et sursis	Arr. gouv. 19 vendémiaire, et C. 5 brumaire an XII; 5 novembre 1839.	
			2° Matières		O. 29 novembre 1831; Inst. 20 novembre 1836; C. 6 août 1839; 18 novembre 1841; L. 7 août 1851, art. 14.	

XVII.	Etablissements de bienfaisance. — *Suite.*	10. Comités consultatifs, procès et transactions	Cod. Nap., art. 2044 à 2059 ; Arr. gouv. 7 messidor an IX ; L. 28 pluviôse an VIII, art. 4 ; Arr. gouv. 17 vendémiaire et 9 ventôse an 10 ; C. 30 germinal, et Arr. gouv. 19 vendémiaire et 21 frimaire an XII ; Inst. 8 février 1823 ; Décis. min. 14 mars 1829 ; C. 26 septembre 1832 ; L. 18 juillet 1837, art. 21, 51 à 55 ; L. 7 août 1851, art. 9 et 10 ; D. 25 mars, tabl. A, n° 45, et C. 5 mai 1852.	*Reverchon.* — Des autorisations de plaider. *Rigal.* — Traité des transactions.
		11. Secours généraux	C. 31 décembre 1852 ; 30 août 1853.	
		12. Inspection départementale	D. 19 janvier 1811, art. 14 ; Inst. 8 février 1823 ; C. 12 mars 1839 ; 12 septembre 1843.	*Ecole des com.*, 1842, p. 92.

2e BUREAU. — Administration communale.

9e SECTION.

I.	Organisation communale.	1. Généralités		L. 18 juillet 1837 ; 5 mai 1855.	*Dupin.* — Lois des communes. *Leber et de Puibusque.* — Code municipal ann. *Moitié et Labrousse.* — La mairie pratique. *De Puibusque.* — Dictionnaire municipal. *Savouré.* — Recueil pratique d'administration communale.
		2. Maires et adjoints.	Nomination	C. 10 avril, et L. 5 mai 1855, art. 2 à 6.	*Bost.* — Traité de l'organisation et des attributions des corps municipaux. *P. Cère.* — Nouveau manuel du maire, de l'adjoint et du conseiller municipal. *Ecole des communes*, table duodécennale, Vis commune, conseils municipaux, maires, et 1846, p. 1, 29, 93 et 121. *Hallez-d'Arros.* — Guide général du maire et du secrétaire de mairie. *Henrion de Pansey.* — Du pouvoir municipal. *Journal des comm.*, table vicennale, Vis adjoint, commune, conseil municipal, maire, organisation communale, et 1848, p. 5, 33, 40, 97 et 129 ; — 1853, p. 323 ; — 1854, p. 83 ; 1855, p. 59 et 109. *Le Berquier.* — Le corps municipal. *De Sainte-Hermine.* — De l'organisation et des élections municipales.
			Installation	Const., art. 14 ; D. 8 mars, et C. 15 juillet 1852.	
			Attributions	L. 18 juillet 1837, art. 9 à 17.	
		3. Conseils municip.	Elections	L. 5 mai, art. 6 à 12, 27 à 49 ; C. 24 juin 1855.	
			Installation	Const., art. 14, D. 8 mars, et C. 15 juillet 1852.	
			Attributions	L. 18 juillet 1837, art. 17 à 30.	
			Tenue des sessions, conv. des plusimposés	C. 17 juillet 1838 ; 11 février 1843 ; — L. 5 mai 1855, art. 15 à 27.	
		4. Commissions municipales		L. 5 mai 1855, art. 13.	
		5. Secrétaires et employés des mairies	Nomination et attributions	C. 6 nivôse an IX ; 10 février et A. Cons. d'Et. 2 juillet 1807 ; C. 1er août 1832 ; L. 18 juillet 1837, art. 12.	*Dubarry.* — Le secrétaire de mairie. *Ecole des comm.*, 1835, p. 50, 255, 261 ; — 1836, p. 241 ; — 1837, 2e partie, p. 4 ; 1841, p. 105 ; 250. *Journal des comm.*, 1850, p. 552 ; — 1851, p. 361.
			Pensions de retraite	D. 4 juillet 1806 ; 12 novembre 1811 ; C. 15 juillet 1835 ; D. 25 mars, tabl. A, n° 38, et C. 5 mai 1852.	

I.	Organisation communale. — *Suite.*	6. Archives communales ...	Classement et communication de pièces.....	C. 24 avril 1841 ; 16 juin 1842 ; C. Préf. 6 avril 1855.	*Ecole des comm.*, 1843, p. 4. *Journal des comm.*, 1850, p. 287 ; — 1854, p. 255.
			Expéditions et extraits..................	L. 7 messidor an II, art. 37 ; D. 12 juillet, A. Cons. d'Ét. 18 août, et Circ. 6 août 1807 ; 4 et 26 mai 1808 ; 16 juin 1842.	
			Remise et prise en charge.	Arr. Gouv. 19 floréal an VIII ; C. 16 juin 1842 ; 20 octobre 1850.	
II.	Police municipale et rurale.	1. Devoirs généraux des maires et des conseils municipaux en ce qui concerne la police municipale et rurale.............		D. 14 décembre 1789, art. 50 ; L. 16-24 août 1790, titre XI, art. 1er et 3 ; 19-22 juillet 1791, titre 1er, art. 46 ; 18 juillet 1837, art. 10, 11, 19, 20 et 22.	*P. Cère.* — Nouveau manuel des fonctionnaires chargés de la police judiciaire, administrative et municipale. *De Champagny.* — Traité de police municipale. *Ecole des com.*, table duodécennale, Vis police administrative, police municipale, police rurale, règlements de police, et 1848, p. 169, 229, 296, 513 ; 1849, p. 11, 29 et 73 ; 1850, p. 159 ; 1854, p. 509. *Journ. des com.*, table vicennale, Vis arrêtés municipaux, et 1854, p. 325. *Miroir et Brissot de Warville.* — Traité de police municipale et rurale. *P. Cère.* — Nouveau manuel du garde champêtre. *Dubarry.* — Nouveau manuel des gardes champêtres. *Larade.* — Guide formulaire des gardes champêtres. *Marc Deffaux.* — Guide manuel général des gardes champêtres. *Journ. des com.*, table vicennale, Vis gardes champêtres. Voir plus spécialement : *Prestation de serment.* — Bulletin officiel, 1844, p. 52 ; Journal des communes, 1850, p. 283. *Attrib. des gardes champ.* — Ecole des communes, 1844, p. 64 ; 1846, p. 300 ; 1847, p. 116 ; 1851, p. 218. *Gardes particul.* — Ecole des communes, 1837, p. 284 ; Bulletin officiel 1838, p. 178, 180 ; 1852, p. 602.
		2. Arrêtés et règlements de police........................		L. 18 juillet, art. 11, et C. 6 septembre 1837 ; 5 janvier 1838 ; 1er juillet 1840 ; 26 octobre 1841 ; 20 mai 1850.	
		3. Gardes champêtres comm.	Nomination..........................	D. 23 mars, art. 3, n° 21, et C. 5 mai 1852.	
			Prestation de serment...................	C. 25 juillet 1818 ; Arr. cass. 1er septembre 1843.	
			Attributions.........................	Cod. inst. crim., art. 9 et 16 ; D. 26 septembre, 6 octobre 1791, titre 1er, section VII ; 20 messidor an III.	
		4. Gardes champêtres particuliers........................		D. 20 messidor an III, art. 4 ; 3 brumaire an IV, art. 40 ; L. 28 pluviôse an VIII, art. 9 ; C. 4 juillet 1827.	
III.	Cimetières communaux.	Etablissement, agrandissement et translation.		D. 23 prairial an XII, art. 2 à 5 ; L. 18 juillet 1837, art. 30, n° 17 ; O. 6 décembre, et Inst. 30 décembre 1843.	*Affre.* — De l'administration temporelle des paroisses.
		Clôture et entretien.		D. 30 décembre 1809, art. 37, n° 4 ; L. 18 juillet 1837, art. 30, n° 17.	*Ecole des com.*, table duodécennale, Vis cimetières et inhumations, et 1845, p. 220 ; 1847, p. 185 ; 1848, p. 48 ; 1851, p. 505.
		Rayon de servitude aux abords..............		D. 7 mars 1808, art. 1 et 2.	*Journ. des com.*, table vicennale, v° cimetière, et 1848, p. 13 et 91.
		Aliénation d'anciens cimetières.		L. 15 mai 1791, art. 9 ; D. 23 prairial an XII, art. 8 et 9 ; C. 4 pluviôse an XIII.	*Migneret.* — Des cimetières communaux.

						Législation	Ouvrages
III.	Cimetières communaux. — *Suite.*	Sépultures.	Concessions			D. 25 prairial, art. 10 et 11, et Inst. 8 messidor an XII; O. 6 décembre, art. 3 à 6, et Inst. 30 décembre 1843; D. 25 mars, tabl. A, n° 47, et C. 5 mai 1852.	*Revue adm.*, 1847, p. 148, 420 et 550.
			Inhumations, pompes funèbres			Cod. Nap., art. 77 et suivants; Cod. pén., art. 358; D. 23 prairial, art. 1, 4 à 7, et C. 26 thermidor an XII; D. 18 mai 1806; 25 mars, tabl. A, n° 46, et C. 5 mai 1852.	Voir, en outre, ci dessus, p. 22, 23 et 24, les ouvrages concernant l'administration des cultes.
			Refus de sépulture			D. 23 prairial an XII, art. 19; C. J. 15 juin 1847.	
IV.	Petite voirie.	1. Voirie urbaine.	Voies publiques, inscription des rues et numérotage des maisons			D. 15 pluviôse an XII, L. 16 septembre 1807, art. 52; C. 2 octobre 1815; O. 25 avril 1825; Av. cons. d'Ét., 23 janvier 1839; C. 5 août 1841; D. 26 mars, et C. 16 juin 1852.	*Daubenton.* — Traité de la voirie des villes, bourgs et villages.
			Plans généraux d'alignement			Inst. 18 août 1806; 16 novembre 1811; 29 octobre 1812; 7 août 1813; 2 octobre 1815; 7 avril 1818; 30 mai 1831; L. 18 juillet, art. 30, n° 18, et C. 25 octobre 1837; 19 février 1839; 23 août 1841; 2 décembre 1848; D. 25 mars, tabl. A, n° 50; C. 5 mai, et 21 septembre 1852.	*Davenne.* — Législation et principes de la voirie. *Ecole des com.*, table duodécennale, V° voirie, et 1847, p. 276; 1850, p. 225, 237, 319; 1851, p. 4; 1854, p. 234.
			Ouverture, redressement et suppression de rues publiques			L. 16 septembre 1807, art. 52; O. 23 août 1835; C. 25 janvier 1836; L. 18 juillet 1837, art. 19, n° 7; 3 mai 1851; D. 26 mars 1852.	*Husson.* — Traité de la législation des travaux publics et de la voirie. *Gillon et Stourm.* — Code de la voirie.
			Délivrance des alignements, et autorisations de réparer			L. 16 septembre 1807, art. 52; D. 27 juillet 1808; Av. C. d'Ét., 6 avril 1824; L. 18 juillet 1837, art. 11; C. 25 août 1841.	*Isambert.* — Traité de la voirie. *Journ. des com.*, table vicennale, V° voirie, et 1849, p. 221, et 1853, p. 397. *Journ. du droit admin.*, 1854, p. 64, 165, 354, 502; 1855, p. 289, 435.
			Saillies			C. 2 avril 1841.	*Serrigny.* — Traité de l'alignement.
			Pavage et trottoirs			L. 25 juin 1841, art. 28; 7 juin 1845; D. 25 mars, tabl. A, n° 54, et C. 5 mai 1852.	
			Bâtiments menaçant ruine			L. 16-24 août 1790, titre XI, art. 3; 19-22 juillet 1791, titre 1er; Arr. Gouv. 5 brumaire an IX; Av. cons. d'Ét. 10 août 1835; Cod. pén., art. 475, n° 15.	*Ecole des com.*, 1850, p. 225, 237, 281, 319.
		2. Voirie vicinale.	Agents-voyers			L. 21 mai, art. 11, et C. 11 octobre 1836; 5 janvier 1845; 25 septembre 1848; 15 juin 1852	*Berthault-Ducreux.* — Man. des cant. des ch. v.
			2° Chemins vicinaux de petite communicat.	Abornement		R. préf., art. 9 à 21 (1).	*Ouvrages embrassant l'ensemble du service.*
				Classement et déclassement		L. 28 juillet 1824, art. 1er; Inst. 24 juin 1836; C. 20 juillet 1844; R. préfect., art. 21 à 31.	*Annales des chem. vicin.*, Recueil mensuel, paraît depuis 1843.
				Aliénation de portions de chemins inutiles		L. 28 juillet 1824, art. 10; 21 mai, art. 19, et Inst. 24 juin 1836; L. 18 juillet 1837, art. 46; C. 26 mars 1838; D. 25 mars, et C. 5 mai 1852; R. préf., art. 34 à 40.	*Bannerot et H. Bogard.* — Code annoté des chemins vicinaux. *Davenne, Husson, Gillon et Stourm.* — Ouvrages précités.
				Ouverture de nouveaux chemins et redressement des anciens		O. 18 février 1834, art. 9 et 10; 23 août 1835, art. 2 à 5; L. 21 mai, art. 15 et 16, et Inst. 24 juin 1836; L. 3 mai 1841; C. 4 février 1847; R. préf., art. 41 à 49.	*Demilly.* — Traité de l'administration des chemins vicinaux. *Ecole des com.*, table duodécennale, V[is] chemins vicinaux, et 1850, p. 96; 1854, p. 115, 141.
				Règlement des indemnités et purge des hypothèques		L. 28 juillet 1824, art. 10; 21 mai 1836, art. 15, 17 et 18; O. 18 avril 1842; 26 avril 1844; C. 21 décembre 1846.	*Garnier.* — Traité des chemins de toute espèce.
				Création de ressources.	centimes spéc.	L. 21 mai 1836, art. 2 et 5; C. 30 avril 1839; Arr. cons. d'Etat 9 juin 1842; R. préf., art. 52 et 83.	*Herman.* — Traité pratique de voirie vicinale, et code des chemins vicinaux. *Journ. des com.*, table vicennale, V[is] chemins vicinaux.
					centimes extr.	L. 28 juillet 1824, art. 6; C. 8 septembre 1836, R. préf., art. 84 et 85.	

(1) Ce règlement est la reproduction textuelle du règlement modèle qui accompagnait la circulaire ministérielle du 21 juillet 1854.

IV.	Petite voirie. — *Suite.*	2. Voirie vicinale. — *Suite.*	2° Chemins vicinaux de petite communicat. — *Suite.*	Création de ressources	Prestations en nature....	L. 21 mai, art. 5, et Inst. 24 juin 1836; C. 11 avril 1839; R. préf. 53 à 85.	
					Impositions d'office....	L. 21 mai, art. 5, et Inst. 24 juin 1836; C. 30 avril 1839; R. préf., art. 86 à 95.	
					Concours des propriétés de l'État et de la couronne.....	L. 21 mai, art. 13, et Inst. 24 juin 1836; R. préf., art. 95 à 99.	*Suite des ouvrages embrassant l'ensemble du service.*
					Souscriptions volontaires.	L. 18 juillet 1837, art. 39; C. 30 septembre 1854; R. préf. 128 à 132.	*O'Donnel.* — Code vicinal. *Solon.* — Des chemins vicinaux et ruraux. *Vilard.* — Essai sur les chemins vicinaux.
					Subventions spéciales et subventions pour dégradations extraordin...	L. 21 mai, art. 8 et 14, et Inst. 24 juin 1836; C. 3 octobre 1839; R. préf., art 99 à 126.	
					Règles générales de comptabil..	Inst. gén. des fin., 17 juin 1840, art. 767 à 777; Arr. préf. art. 213 à 216.	
				Exécution des prestations...		L. 21 mai, art. 21, et Inst 24 juin 1836; C. 13 et 14 juin, 19 novembre, et 6 décembre 1838; 30 janvier et 11 avril 1839; 2 août 1845; R. préf. art 133 à 174.	
				Travaux à prix d'argent...		L. 21 mai, art. 21, et Inst. 24 juin 1836; R. préf., art. 174 à 210.	
				Plantations............		L. 21 mai, art. 21, et Inst. 24 juin 1836; R. préf., art. 296 à 321.	
				Fossés et talus..........		L. 21 mai, art. 21, et Inst. 24 juin 1836; R. préf., art. 321 à 342.	
				Alignements et autorisations de réparer...........		C. 13 août 1845; R. préf. art. 281 à 286, 289 à 296. ..	*Ouvrages ou documents spéciaux.* *École des com.*, 1840, p. 135, 298; 1841, p. 296; 1845, p. 81; 1847, p. 154, 1850, p. 223, 257, 281, 319; 1851, p. 4.
				Extraction de matériaux et occupation temporaire de terrains............		L. 21 mai 1836, art. 17; O. 8 août 1843; R. préf., art. 348 à 370.	
				Anticipations...........		Cod. pén., art. 479, n° 11; L. 9 ventôse an XIII; O. 23 juillet 1838; C. 11 mai 1839; R. préf., art. 382 à 389. ..	*Boulatignier.* — Manuel du contentieux des chemins vicinaux.
			3° Chemins vicinaux d'intérêt commun.	Classement, ouverture, redressement et entretien..		L. 21 mai, art. 6, et Inst. 24 juin 1836; L. 18 juillet 1837, art. 71; 10 mai 1838, art. 6 et 41; R. préfect., art. 217 à 223.	
				Centralisation des ressources		C. F. 12 novembre 1847. Pour le surplus du service, voir la législation des chemins vicinaux ordinaires.	
			4° Chemins vicinaux de grande communicat.	Classement et déclassement.		L. 21 mai, art. 7 à 10, et Inst. 24 juin 1836; C. 15 mai 1838; 18 février 1839; R. préfect., art. 223 à 233.	

IV.	Petite voirie. — *Suite.*	2. Voirie vicinale — *Suite.*	4° Chemins vicinaux de grande communicat. — *Suite.*	Ressources.	Fixation des contingents communaux.	C. 24 décembre 1836; R. préfect., art. 235 à 236.	
					Concours volontaire des communes et des particuliers	L. 21 mai 1836, art. 7; C. 3 juin 1841; R. préfect., art. 126, 127, 236 à 244.	
					Subventions départem.	L. 21 mai 1836, art. 8; C. 15 mai 1838; R. préfect., art. 244.	
				Exécution des travaux		R. préfect., art. 247 à 271.	
				Alignements et autorisations de réparer		C. 10 décembre 1839; R. préfect., art. 281 à 290.	
				Contraventions et amendes.		L. 30 mai 1851, titre II; Inst. enregist. 17 décembre suivant; 7 novembre 1855.	
			5. Chemins ruraux			L. 16-24 août 1790, titre II, art. 8; C. 16 novembre 1839; O. 6 février 1846; Arr. cass. 3 juillet 1850; 20 décembre 1851.	*Ecole des com.*, 1843, p. 235; 1844, p. 352; 1847, p. 83. *Journ. de droit admin.*, 1854, p. 289; 1855, p. 160, 263, 402. *Rev. admin.*, 1846, p. 102 et 210.
V.	Biens communaux.	1. Biens ruraux.	Jouissance commune			L. 18 juillet 1837, art. 17 et 18; C. 28 mars, et O. 18 décembre 1838; C. 15 mars 1839, D. 25 mars, tabl. A, n° 40, et C. 5 mai 1852.	*Ouvrages embrassant l'ensemble du service.* *Davenne.* — Régime administratif et financier des communes. *Ecole des com.*, table duodécennale, V^{is} biens communaux. *Henrion de Pansey.* — Des biens communaux. *Journ. des com.*, table vicennale, V^{is} biens des communes et des établissements publics, et 1846, p. 6 et 35; 1847, p. 85. *Lucien Roy.* — Traité de l'administration foncière des communes et des établissements de bienfaisance.
			Partages			L. 10 juin 1793; 9 ventôse an XII; D. 4 complémentaire an XIII; 20 juin 1806; 20 juillet 1807; 26 avril 1808; Av. cons. d'Ét. 18 juin et 26 septembre 1809; 4 août 1835; L. 18 juillet 1837, art. 19 et 46; C. 25 juillet 1839; D. 25 mars, tabl. A, n° 41, et C. 5 mai 1852.	*Ouvrages et documents spéciaux.* *Ecole des com.*, 1838, p. 21 et 153. *Journ. des com.*, 1833, p. 95; 1834, p. 97; 1851, p. 109.
			Allotissement et amodiation; mise en ferme.			L. 11 février 1791; Arr. du Gouv. 7 germinal, et Inst. 12 floréal an IX; L. 26 germinal, art. 1er, et Inst. 29 prairial an XI; D. 12 août 1807; Inst. F. 3 janv. 1813; O. 7 octobre, art. 2 à 6, et C. 31 octobre 1818; L. 25 mai 1835; 18 juillet 1837, art. 17 à 21 et 47; O. 18 décembre 1858; C. 15 mars 1839; D. 25 mars, tabl. A, n° 44, et C. 5 mai 1852; C. préfect. 2 février 1835.	
			Acquisitions			Cod. Nap., art. 457 à 460; C. 20 août 1825; L. 18 avril, art. 17, et Av. cons. d'Ét. 6 mai 1831; 14 janvier 1833; 9 mai 1834; L. 18 juillet, art. 19 et 46, et C. 17 août 1837; 2 juillet 1839; L. 3 mai 1841, art. 58; O. 18 avril, et C. 30 avril 1842; D. 25 mars, tabl. A, n° 41, et C. 5 mai 1852.	
			Aliénations			Cod. Nap., art. 1582 à 1702; C. 20 août 1823; Av. cons. d'Ét. 29 mars et 9 août 1835; L. 18 juillet, art. 19 et 46, et C. 17 août 1837; 2 juillet 1839; 19 décembre 1840; D. 25 mars, tabl. A, n° 44, et C. 5 mai 1852.	

V.	Biens communaux. — *Suite.*	1 Biens ruraux.. — *Suite.*	Echanges		Cod. Nap., art. 1702 à 1708; L. 2 prairial an v; D. 10 avril 1810; L. 22 mars 1813; Arr. cons. d'Et. 14 juillet 1831; L. 18 juillet, art. 19 et 46, et C. 17 août 1837; 2 juillet 1839; D. 25 mars, art. 1er, tabl. a, nº 41, et C. 5 mai 1852.	*Ecole des com.*, 1837, 2e partie, p. 271.
			Usurpations		L. 9 ventôse an xii; O. 23 juin 1819; C. 16 juin 1825; 7 août 1839; 10 juin 1845.	*Ecole des com.*, 1843, p. 223, et 1846, p. 251.
			Bornage		Cod. Nap., art. 646.	*Millet.* — Traité du bornage et des actions qui en dérivent. *Perrin.* — Code des constructions et de la contiguité, Vº bornage.
			Parcours et vaine pâture	Règlements municipaux	L. 18 juillet 1837, art. 19, nº 8, et art. 20; C. 12 juillet 1842.	*Bullet. offic.* 1842, p. 521. *Ecole des com.*, table duodécennale, Vis parcours et vaine pâture, et 1846, p. 204, 231; 1848, p. 168. *Journ. des com.*, table vicennale, Vis parcours et vaine pâture, et 1850, p. 88; 1853, p. 104.
				Exercice des droits, achat, restriction	Cod. Nap., art. 706 et 707; L. 28 sept., 6 oct. 1791, titre 1er, section iv; C. 12 juillet 1842.	
				Contentieux	D. 9 brumaire an xiii; Av. cons. d'Et. 25 février 1815; 22 juillet 1818.	
		2. Bois	Gardes forestiers communaux		Code forest., titre vi, art. 94 à 100; O. 15 novembre 1832; D. 25 mars, art. 5, nº 20; Arr. min. F. 5 mai, et C. 5 mai et 5 août 1852.	*Crinon et Vasserot.* — Guide des gardes for. *Ecole des com.*, table duodécennale, Vis gardes forestiers. *Journ. des com.*, 1849, p. 62.
			Délimitation, bornage		Code forest., titre vi, art. 90 et 113; O. 1er août 1827, titre v, art. 129 à 135; C. adm. F. 31 octobre 1828; 24 juin 1829; Décis. min. F. 27 janvier, et C. adm. F. 12 avril 1831; 18 juin 1832; Décis. min. F. 7 août, et C. F. 30 octobre 1834; O. 23 mars 1845; C. adm. F. 12 novembre 1847; 17 septembre 1852.	*Meaume.* — Commentaire du code forestier et de l'ordonnance réglementaire. *Meaume.* — Manuel forestier. *Rogron.* — Commentaire du code forestier.
			Aménagements		Cod. forest., titre vi, art. 90; O. 1er août 1827, titre v, art. 135; O. 2 décembre, et C. adm. F. 16 décembre 1845.	*Noirot-Bonnet.* — Traité de l'aménagement des forêts. *De Salmon.* — Id.
			Coupes ordinaires, extraordinaires; adjudications, exploitations		Cod. forest., titre vi, art. 100 à 106; O. 1er août 1827, titre v, art. 137 à 145; C. adm. F. 15 janvier 1828; Arr. min. F. 4 février, art. 4; C. adm. F. 22 février, et C. 16 mars 1837; O. 10 juin et 21 août 1840; 2 février, et C. 13 mars 1844; C. adm. F. 31 juillet 1845; 27 novembre 1849; D. 31 mai et 21 juin 1850; C. 23 août 1851; D. 25 mars, art. 5, tabl. c, nº 9, et Arr. min. F. 19 septembre 1855.	*Meaume et Rogron.* — Ouvrages précités.
			Cantonnements, droits d'usage, rachats		L. 28 ventôse an xi; 14 ventôse an xii; Av. cons. d'Et. 11 juin 1820; Cod. forest. titre vi, art. 112; O. 1er août 1827, titre v, art. 146; Décis. min. F. 10 octobre 1828; O. 11 février 1829; Arr. min. F. 4 mars 1830; O. 9 mars 1836; 5 septembre 1842; Arr. cons. d'Et. 13 décembre 1845; Av. cons. d'Et. 6 juin 1851; D. 12 avril et C. adm. F. 22 mai 1854.	*Bories et Bonnassie.* - Du droit d'us. dans les for. *Meaume.* — Id. *Merlin.* — Répertoire de jurisprudence. *Pardessus.* — Traité des servitudes. *Proudhon.* — Droits d'usage.
			Affouage		Cod. forest., titre vi, art. 103 à 113; O. 1er août 1827, titre v; C. 31 décembre 1836; L. 18 juillet 1837, art. 17 et 44; C. 28 mars 1838; 10 janvier 1839; 25 août 1840; O. 5 février et C. adm. F. 15 février 1846.	*Ecole des com.*, table duodécennale. Vis affouage et bois des communes, et 1844, 1847, 1851 et 1852. *Guyétant.* — Traité de l'affouage. *Journ. des com.*, table vicennale, Vis bois et forêts, et 1855, p. 253. *Legentil.* — Traité historique et pratique de la législation des portions comm. et mén. *Lélut.* — De la distribution de l'affouage aux habitants des communes. *Marquiset.* — Manuel de l'affouage. *Migneret.* — Traité de l'aff. dans les bois com.

V.	Biens communaux. — *Suite.*	2. Bois. — *Suite.*	Acquisitions et aliénations.		L. 18 juillet 1837, art. 19 et 46 ; Av. cons. d'Ét. 30 juillet et 5 septembre 1840 ; C. 8 décembre 1852.	*Journ. du droit admin.*, 1853, p. 137.
			Comptabilité		Inst. gén. F. 17 juin 1840, art. 749 à 764, 818 à 850.	
		3. Bâtiments	Rédaction des projets, examen et approbation.		C. 22 octobre 1812 ; 28 juin 1813 ; 15 avril 1842 ; C. Int. publ. 1845 ; 1er février 1848 ; D. 25 mars, art. 1er, tabl. A, n° 49 ; C. 5 mai, et C. Enr. et Dom. 22 juill. 1852 ; C. 1er mai 1853.	
			Constructions et réparations		C. 5 août 1828 ; L. 18 juillet 1837, art. 19 et 45 ; C. 10 février 1840 ; 19 juin 1844 ; C. Inst. publ. 26 février et 12 mars 1849, 15 novembre 1850 ; D. 25 mars, art 1er, tabl. A, n° 49, et C. 5 mai 1852 ; 1er août 1853 ; 31 août 1854.	*Ecole des com.*, table duodécennale, Vis travaux communaux, et 1845, p. 248 ; 1850, p. 134 ; 1853, p. 1 et 29. *Lepage.* — Lois des bâtiments. *Perrin.* — Code des constructions. *Revue adm.*, 1846, p. 212.
			Entretien.		D. 10 brumaire an IV, art. 5 ; 17 juillet 1808 ; Inst. 10 novembre 1821.	
			Adjudications.		L. 18 juillet, art. 10 et 16, et O. 14 novembre 1837 ; C. 9 juin 1838 ; Inst. 14 février et Décis. min. 18 août 1839 ; C. 10 juin 1842 ; D. 25 mars, art. 1er, tabl. A, n° 48, et C. 5 mai 1852.	
			Baux		L. 18 juillet 1837, art. 17 et 47 (Voir, en outre, biens ruraux, mise en ferme).	
			Acquisitions, aliénations, échanges		Voir la législation qui régit les biens ruraux, Vis acquisitions, aliénations, échanges.	*Ecole des com.*, 1841, p. 217.
			Assurances contre l'incendie.		C. 14 juillet 1820 ; 26 octobre 1826 ; 9 avril 1829 ; 10 août 1836 ; 9 août 1842 ; D. 25 mars art. 1er, tabl. A, n° 52, et C. 5 mai 1852.	*Journ. des com.*, 1853, p. 181.
			Secours et subventions		C. 20 octobre 1835 ; 1er juillet 1837 ; Inst. gén. F. 17 juin 1840, art. 841 et 842 ; C. Inst. p. 25 novembre 1842 ; 10 novembre, et C. 22 décembre 1847 ; C. Inst. p. 15 novembre et 24 décembre 1850 ; 24 juin et 1er septembre 1851 ; 5 juillet et 1er août 1853 ; C. 16 août 1855.	*Ecole des com.*, 1851, p. 53 ; 1854, p. 94.
		4. Dons et legs en faveur des communes			Cod. Nap., art. 910, 932 et 937 ; L. 2 janvier, et O. 2 avril 1817 ; Arr. cas. 26 novembre 1833 ; L. 18 juillet 1837, art. 10, 19, 21 et 48 ; C. 11 juillet 1839 ; Inst. gén. F. 17 juin 1840, art. 814 à 817 ; O. 23 mai 1841, art. 64 ; D. 25 mars, art. 1er, tabl. A, n° 42, et C. 5 mai 1852 ; 25 janvier 1856.	*Ecole des com.*, 1844, p. 300 et 319 ; 1855, p. 85, 115, 148.
		5. Actions judiciaires et transactions			L. 28 pluviôse an VIII ; Arr. gouv. 7 vendémiaire an IX ; 21 frimaire an XII ; D. 17 avril 1812 ; C. 10 juin 1833 ; L. 18 juillet 1837, art. 10, 19, 49 à 60 ; C. 1er juillet 1840 ; 29 juillet 1842 : D. 25 mars, art. 1er, tabl. A, n° 45, et C. 5 mai 1852.	*De Cormenin.* — Manuel du contentieux de l'administration municipale. *Ecole des com.*, table duodécennale, Vis autorisations de plaider, et commune, chap. III, et 1854, p. 85 ; 1855, p. 57. *Journ. des com.*, table vic., Vis procès des com. *Reverchon.* — Des autorisations de plaider. *Rigal.* — Traité des transactions.
VI.	Revenus communaux.	1. Nomenclature des revenus communaux			L. 18 juillet 1837, art. 31 et 32 ; O. 31 mai 1838, art. 429 ; Inst. gén. fin, 17 juin 1840, art. 727 et suivants ; C. 9 septembre suivant.	
		2. Octrois	Établissement d'octrois, tarifs et règlements.		L. 11 frimaire an VII, art 51 ; 27 frimaire, art. 3, et 5 ventôse, art. 2, an VIII ; D. 17 mai, art. 10, et Inst. F. 25 septembre 1809 ; O. 9 décembre 1814, art. 5 à 9, 23 à 51, 53 à 56 ; L. 28 avril 1816, art. 147 et suivants ; C. 9 mai, et C. contr. ind. 1er juin 1825 ; 16 septembre 1834 ; L. 18 juillet 1837, art. 19 ; C. C. ind. 1er août 1842 ; C. 12 février 1848 ; C. F. 20 octobre 1852 ; C. 23 mars 1853 ; C. C. ind. 17 août 1854.	*Biret.* — Manuel des octrois.
			Préposés	Nomination	O. 9 décembre 1814, titre VII, art. 56 et suivants ; L. 28 avril 1816, art. 155 et suivants ; D. 25 mars, art. 5, n° 16, Arr. fin. 3 mai, et C. F. 17 mai 1852.	*A. Bonnet.* — Manuel de l'employé de l'octroi.
				Pensions de retraite	D. 17 mai, art. 147 et 148, et Inst. fin. 25 septembre 1809 ; O. 27 mars 1816 ; C. 12 juin et 27 octobre 1818 ; O. 4 septembre, et C. 14 octobre 1840 ; L. 9 juin, et Regl. 9 novembre 1853 ; C. 20 avril 1854.	*Charpillet.* — De l'administ. des octrois mun.

VI.	Revenus commun. — *Suite.*	2. Octrois. — *Suite.*	Administrat..	Régie simple............	D. 17 mai, art. 102 et 103, et Inst. fin. 25 octobre 1809; L. 28 avril 1816, art. 147.	*Dareste.* — Code des octrois municipaux.
				Régie intéressée et bail à ferme...............	D. 17 mai, art. 104 et suivants, Inst. C. ind. 1er décembre et Inst. F. 25 novembre 1809; 6 novembre 1816; 9 juillet 1817; C. F. 14 août, et C. C. ind. 17 août 1837.	*Ecole des com.*, table duodécennale, Ve octrois, et 1852, p. 1, 29, 57, 85, 507.
				Abonnement avec l'administration des contributions indirectes............	O. 9 décembre 1814, art. 75 et suivants; L. 28 avril 1816, art. 158 et suivants.	
			Comptabilité et contentieux.............		O. 9 décembre 1814, art. 75 à 85; 23 juillet, et C. F. 27 décembre 1826; C. contr. ind. 23 janvier 1827; 29 août 1834; Inst. gén. F. 17 juin 1840, art. 779 à 790.	*Journ. des com.*, 1850, p. 125.
		3. Bureaux de pesage, de mesurage et de jaugeage publics.....			Arr. G. 27 brumaire an VII, et 7 brumaire an IX; L. 29 floréal, Inst. 15 prairial, et L. 4 thermidor an X, art. 7; Arr. G. 2 nivôse an XII; C. 8 octobre 1815; 6 février 1816; 10 novembre 1821; L. 18 juillet 1837, art. 51; C. 20 décembre 1839; Inst. gén. fin. 17 juin 1840, art. 791; D. 25 mars, art. 1er, tabl. A, n° 54, et C. 5 mai 1852.	*Ecole des com.*, table duodécennale.
		4. Droits de place aux halles et marchés...............			L. 11 frimaire an VII; 4 thermidor an X, art. 7; C. 17 décembre 1807; 8 avril 1815; 10 novembre 1821; L. 18 juillet, art. 51 et 63; et Inst. F. 17 septembre 1837; Inst. gén. fin. 17 juin 1840, art. 790; D. 25 mars, art. 1er, tabl. A, n° 31, et C. 5 mai 1852;	
		5. Droits de voirie; formation des tarifs...............			L. 18 juillet 1837, art. 51, n° 8, et art. 43; C. 2 avril 1841; D. 25 mars, art. 1er, tabl. A, n° 53, et C. 5 mai 1852.	*Ecole des com.*, 1846, p. 227.
		6. Taxe municipale des chiens...............			L. 2 mai, D. 4 août, C. 5 août, et Inst. fin. 26 septembre 1855.	*Ecole des com.*, 1855, p. 225 et 255.
		7. Cotisations municipales...............			C. F. 6 septembre et 29 novembre, et C. 25 novembre 1836; 17 janvier 1837; Inst. gén. F. 17 juin 1840, art. 519 à 534.	
		8. Amendes de police municipale et rurale, et amendes de police correctionnelle...............			Cod. pén., art. 466; D. 17 mai 1809; C. 29 mars 1820; O. 30 décembre 1823, art. 6; C. 29 janvier 1824; 15 juin 1836; 22 janvier, et Inst. gén. F. 17 juin 1840, art. 535 à 537, 796 à 799; L. 3 mai 1841, art. 10; D. 25 mars, art. 1er, tabl. A, n° 39, et C. 5 mai 1852	
VII.	Comptabilité communale.	1. Receveurs municipaux..	Nomination, congés, mutations, cautionnements...............		Arr. gouv. 4 thermidor an X; D. 27 février 1811; L. 28 avril 1816, art. 85; L. 18 juillet, art. 60 et suivants, O. 17 septembre, C. F. 30 septembre, et 5 octobre 1837; O. 31 mai 1838, art. 461 et suivants; 31 octobre 1839; 28 février, et Inst. gén. F. 17 juin 1840, art. 1038 et suivants; D. 6 juin, et C. F. 15 juin 1850; D. 25 mars, art. 5, n° 13, et C. 5 mai 1852.	*Agenda* des receveurs municipaux. *Durieu.* — Mémorial des percepteurs. — Manuel des percepteurs et des receveurs municipaux. — Tableau des pièces justificatives des comptes. — Code formulaire de la comptabilité des percepteurs-receveurs des communes et des établissements de bienfaisance........
			Attributions et responsabilité............		Arr. du G. 19 vendémiaire an XII; Inst. 10 avril 1835; O. 31 mai 1838, art. 461 à 473; Inst. gén. F. 17 juin 1840, art. 728 et suivants.	
			Remises...............		O. 17 avril, C. 22 avril, O. 23 mai, et C. F. 1er juin 1839; C. 12 février, Inst. gén. F. 17 juin 1840, art. 1061 et suivants; C. 25 juillet 1841; 20 avril 1843.	
		2. Formation et vote du budget........	Budget primitif...............		O. 1er mars, C. 5 mars, et 10 avril 1835; 15 juin 1836; 1er juillet, L. 18 juillet 1837, art. 10, n° 4, 19, n° 1, 30 à 40; O. 31 mai 1838, art. 429 et suivants; Inst gén. F. 17 juin 1840, art. 699 et suivants; O. 24 janvier 1843; D. 25 mars, art. 1er, tabl. A, n° 55, et C. 5 mai 1852.	*Ecole des com.*, table duodécennale, Vis receveurs municipaux, commune, chap. II, impositions communales extraordinaires, et 1848, p. 41.
			Chapitres additionnels...............		Inst. 10 avril 1835; L. 18 juillet 1837, art. 34; Règl. I. 30 novembre 1840, art. 226 et 227; D. 25 mars, art. 1er, n° 55, et C. 5 mai 1852.	*Journ. des com.*, table vicennale, Vis comptabilité des communes.
			Clôture de l'exercice et présent. des comptes..		O. 1er mars, et C. 10 avril 1835; C. 15 juin 1836; L. 18 juillet 1837, art. 23, 25 et 60; O. 31 mai 1838, art. 432, 433, 434, 436 à 460 et 477; Inst. gén. F. 17 juin 1840, art. 711 et suivants; C. 16 juillet 1855.	

VII.	Comptabilité communale. — *Suite.*	3. Impositions communales.	Vote, limite et assiette des impositions communales extraordinaires	Inst. 27 mars, et L. 18 juillet 1837, art. 40 à 43 ; Inst. gén. F. 17 juin 1840, art. 13 à 17, 108, 137 à 160, 185 à 189, 806 et 807 ; C. 30 août 1841 ; 30 décembre 1842 ; février 1843 ; 20 juin et 28 juillet 1855.	
			Centimes spéciaux	L. 21 mai 1836, art. 2 ; Inst. 27 mars 1837 ; Inst. gén. F. 17 juin 1840, art. 13 et 14, 185 à 189 ; L. 15 mars 1850, art. 40.	
			Impositions pour insuffisance de revenus	L. 18 juillet 1837, art. 39 et 40 ; Inst. gén. F. 17 juin 1840, art. 13 à 17, 806 à 808 ; C. 13 décembre 1842 ; 7 août 1846.	
			Impositions pour dépenses facultatives	Inst. 27 mars, et L. 18 juillet 1837, art. 40 à 43 ; C. 2 juillet 1839 ; 21 octobre 1840 ; 20 juin, 28 juillet, et 1er octobre 1853	
			Impositions d'office	L. 18 juillet 1837, art. 39 ; C. Inst. p. 16 septembre 1834.	*Lucien Roy.* — Traité pratique de l'administration financière des communes et des établissements de bienfaisance. *E. Savouré.* — Recueil pratique d'administration et conseils sur la formation des comptes des communes.
		4. Emprunts communaux		L. 18 juillet 1837, art. 41 et 42 ; O. 31 mai 1838 ; art. 444 ; Inst. gén. F. 17 juin, art. 830 à 834 ; C. 12 août 1840 ; 13 juillet 1841 ; 20 juin, 28 juillet, 25 août, 1er octobre 1853 ; D. 4 février, et C. 9 février 1854.	
		5. Exécution du budget	Titres de perception et recouvrements	L. 18 juillet 1837, art. 62 et suivants ; O. 31 mai 1838, art. 467 et suivants ; Inst. gén. F. 17 juin, art. 739 et suivants ; O. 31 mai, et C. 9 septembre 1840 ; 28 décembre 1841 ; C. F. 23 janvier 1850.	
			Liquidation, mandatement et paiement des dépenses	O. 23 avril 1823 ; C. 16 mars 1836 ; L. 18 juillet, art. 50, et C. 17 août 1837 ; O. 31 mai 1838, art. 431 et suivants ; Inst. gén. F. 17 juin, art. 844 à 893 ; C. adm. enreg. 30 avril 1846.	
			Apurement des comptes des receveurs municipaux	L. 18 juillet 1837, art. 66 ; O. 31 mai, art. 474 et suivants, et C. 28 août 1838 ; Inst. gén. F. 17 juin 1840, art. 1101 et 1514 à 1533 ; C. F. 28 janvier 1847.	
			Délivrance des quitus	C. 13 juin 1823 ; 13 juin 1830 ; Inst. gén. F. 17 juin 1840, art. 1070 à 1084 ; C. F. 7 août 1850.	*Mémorial des percepteurs*, 1850, p. 201.
			Dépôts de fonds à la caisse de service et retrait	Arr. min. 23 novembre 1824 ; 26 décembre 1823 ; 4 juillet 1839 ; Inst. gén. F. 17 juin 1840, art. 624 à 641, 836 et 837.	
			Remboursement de capitaux	Av. cons. d'Et. 21 décembre 1808 ; C. 24 sept 1833 ; Inst. gén. F. 17 juin 1840, art. 817.	
			Poursuites et non-valeurs	Inst. gén. F. 17 juin 1840, art. 734 et 735 ; C. 31 août 1842 ; 18 nov. 1843 ; 16 juill. 1855	
			Gestions occultes	Cod. Nap. art. 1371, 1372, 1991 à 1997 ; Cod. Pén. art. 169 et 258 ; O. 14 septembre 1822, art. 15 ; L. 18 juillet 1837, art. 64 ; O. 31 mai 1838, art. 67 ; Inst. gén. F. 17 juin 1840, art. 700.	*Ecole des com.*, 1847, p. 6, 131 ; 1854, p. 81, 108. *Mémorial*, 1857, p. 46.
			Vérification des caisses et clôture des registres des receveurs municipaux	O. 31 octobre 1821 ; 14 septembre et Inst. 30 novembre 1822 ; O. 23 avril 1833 ; 31 mai 1838, art. 325 ; Inst. gén. F. 17 juin 1840, art. 1300.	

DEUXIÈME DIVISION (1).

1er BUREAU. — Affaires militaires et travaux publics.

1° AFFAIRES MILITAIRES.

10e SECTION.

I.	Armée de terre...	1. Recrutement.	Formation des tableaux de recensement et tirage au sort	L. 21 mars, art. 4 à 15, et Inst. gén. G. 30 mars 1832 ; C. G. 26 novembre 1843 ; 9 novembre 1835 ; C. G. annuelle.
			Formation du contingent et conseil de révision	L. 21 mars, art. 13 à 18, et Inst. gén. G. 30 mars 1832 ; O. 1er janvier 1836, art. 3 ; C. G. 18 mai 1840 ; O. 13 mars 1841 ; C. G. 24 avril 1849 ; 17 et 26 avril 1850 ; 18 avril 1831 ; 20 avril 1852 ; 14 avril 1833 ; 17 février 1855 ; 11 février 1856 ; C. G. annuelle.
			Exemptions	L. 21 mars, art. 13 et 14, et Inst. gén. 30 mars 1832 ; O. 21 janvier 1837, art. 1 à 15 ; L. 15 mars, art. 79, et C. Inst. publ. 18 décembre 1850 ; C. G. 9 novembre 1853 ; 11 février 1856 ; C. G. annuelle.
			Dotation de l'armée et exonérations.......	L. 26 avril 1855 ; D. Régl. 9 janvier, et C. G. 26 janvier 1856.
			Engagements volontaires et rengagements...	Cod. Nap., art. 34 à 44 ; L. 21 mars, art. 2, 31 à 38 ; O. 28 avril, et Inst. G. 4 mai 1832 ; O. 15 janvier 1837 ; L. 26 avril 1855, art. 11 à 14 ; D. Régl. 9 janvier, art. 52 à 57, et C. G. 26 janvier 1856.
			Fils d'étrangers..	C. G. 26 novembre 1843 ; L. 22 mars 1849 ; 7 février 1851 ; C. G. 18 novembre 1852 ; 9 novembre 1855.
			Ordres de route........................	Inst. G. 21 novembre 1818, art. 164 et 197 ; 4 juillet 1852 ; 25 septembre 1846.
		2. Mouvements de troupes	Logements militaires........................	L. 8 juillet 1791 ; L. et Régl. 23 mai 1792 ; Régl. 20 juillet 1824 ; C. G. 21 mai 1840 ; C. 14 février 1852 ; D. 14 septembre 1854.
			Frais de route et convois	R. 31 décembre 1823 ; C. G. 27 février 1836 ; O. 20 décembre 1837 ; Livret 3 juin 1852 ; D. 15 juin 1853 ; Inst. G. 15 juin 1853.
		3. Mariages des militaires........................		D. 16 juin et 3 août 1808 ; C. G. 26 décembre 1836 ; 30 décembre 1839 ; 17 décembre 1843 ; 23 janvier 1844 ; 10 janvier 1854.

Ouvrages embrassant l'ensemble du service.

Duval-Lassalle. — Code manuel de l'autorité civile en ce qui concerne les départements de la guerre et de la marine.
Ecole des com., table duodécennale, Vo Recrutement.
Gouvot. — Manuel du recrutement.
Léon Guillot. — Législation et administration militaires.
Journ. des com., table vicennale, Vo recrutement, et 1855, p. 75 et 143.
Journ. militaire.
Pradier-Fodéré. — Lois sur le recrutement.
Swanton. — Dictionnaire du recrutement.
Vauchelle. — Cours d'administration militaire.

Ouvrages ou documents spéciaux.

Bul. of. 1850, p. 409.
Ecole des com. table duodécennale, Vis logements militaires, et 1847, p. 61, 223, 253.
Journ. de droit adm. 1855, p. 467.
Rev. adm. 1846, p. 311.

(1) MM. Coumes, ingénieur en chef des ponts-et-chaussées, Bretagne, directeur des contributions directes, et de l'Eguilhe, sous-inspecteur des eaux et forêts, au Puy, ayant bien voulu revoir et compléter l'Aide-Mémoire en ce qui concerne leurs administrations respectives, je me fais un plaisir et un devoir de leur en témoigner ici toute ma gratitude. Je dois et j'adresse aussi mes remerciments à mes excellents collègues, MM. Avoud, chef de la 2me division, et Dagier, chef du bureau des finances, pour leur coopération à ce travail.

I.	Armée de terre. — *Suite.*	4. Adjudications de fournitures pour l'armée		O. 4 décembre 1836; 1er décembre 1838.	
		5. Remonte		O. 11 avril 1831; Règl. 25 mars 1837; C. G. 26 septembre 1830; 5 mars et 21 septembre 1833; D. 14 septembre 1834.	
		6. Secours aux anciens militaires		C. G. 6 décembre 1849; 3 janvier 1850.	
II.	Armée de mer	Inscription maritime		L. 3 et 8 brumaire, et Arr. G. 21 ventôse an IV; D. 19 mars 1808; L. 20 avril 1832; D. 19 décembre 1851; 25 mars 1852.	*Bajot et Poirré.* — Annales maritimes et coloniales. *Blanchard.* — Répertoire des principales lois relatives à la marine. *Durat-Lassalle.* — Ouvrage précité. *Nouvelles annales de la marine.* *Pruynaud.* — Législation et administration de la marine. *Revue adm.* 1848, p. 113 et suivantes. *Rimbaud.* — Études sur la législation et l'administration maritimes.
		Invalides de la marine		L. 13 mai 1791; O. 22 mai 1816; L. 18 avril 1831; 19 mai 1834; O. 31 mai 1838, art. 369 et suivants; Règl. 31 octobre 1840; 23 août 1845; O. 23 juillet 1846; 15 février 1847.	
III.	Gendarmerie	Organisation et attributions		D. 1er mars 1854; 16 mai 1855.	*Cochet de Savigny.* — Mémorial complet de la gendarmerie. — Formulaire gén. annoté à l'usage de tous les militaires de la gendarmerie. *Code de la gendarmerie.* *Journ. des com.* 1854, p. 153. *Journ. de droit adm.* 1853, p. 175; 1854, p. 249. *Rouillard.* — Manuel de la gendarmerie.
		Casernement		Inst. 18 brumaire an XI; 2 vendémiaire an XIV; C. G. 14 septembre 1817; 2 mars 1818; 20 décembre 1819; Règl. 21 novembre 1825, art. 94; L. 10 mai 1838, art. 12, n° 5.	
IV.	Garde nationale et sapeurs-pompiers.	1. Garde nation.	Organisation	D. 11 janvier, C. 14 et 30 janvier, D. 16 mars, C. 26 mars, 5 avril, 24 août, 9 novembre 1852.	*Code formulaire de la garde nationale.* *Journ. des gardes nationales.*
			Conseils de recensement et jury de révision	C. 23 février et 17 avril 1852.	
			Conseil de discipline	C. 24 août 1852.	
			Armement	C. 21 août 1852.	
		2. Sapeurs-pompiers	Organisation et armement	D. 11 janvier, C. 14 juin, 2 juillet 1852; 29 décembre 1853.	*Journ. des sapeurs-pompiers.* *Noret.* — Manuel officiel des sapeurs-pomp. *Bul. of.* 1854, p. 51.
			Caisse de secours et de retraite	L. 5 avril et C. 28 juin 1831; 5 mai, 11 décembre 1852; Av. cons. d'Ét. 26 décembre 1853.	

2° Travaux publics.

11° section.

V.	Grande voirie	1. Personnel des ponts et chaussées.	Ingénieurs	L. 19 janvier et 18 août 1791; Inst. 26 floréal an IV; D. 7 fructidor an XII; C. T. P. 20 juin 1807; 16 mars 1809; D. 16 décembre 1811, art. 70 et suivants; C. T. P. 8 juin 1820; 30 novembre 1822; 30 septembre 1830; 10 octobre 1837; D. 13 octobre 1851; 28 mars 1852; 10 mai 1854;	*Ouvrages embrassant l'ensemble du service.* *Annales des ponts-et-chaussées.* *T. Chevalier et Ed. Delvincourt.* — Livre des entrepreneurs et concessionnaires des travaux publics. *T. Chevalier et Ed. Delvincourt.* — Jurisprudence du Conseil d'État en matière de travaux publics. *Cotelle.* — Traité de droit administratif dans ses rapports avec les travaux publics.
			Conducteurs — Concours	L. 30 novembre 1850; D. 23 août, C. T. P. 23 août, 4 septembre, D. 13 octobre, C. T. P. 20 novembre 1851; 31 août 1852; 13 février 1854.	
			Employés secondaires et cantonniers	C. T. P. 20 juin 1807; 23 novembre 1833; 24 mai 1834; C. T. P. et Règl. 10 février, et C. T. P. 20 et 30 juillet 1833; 30 avril 1836; Arr. min. 10 janvier, et C. T. P. 31 août 1852; D. 17 août 1853.	

V.	Grande voirie. — *Suite.*	1. Routes impér.	Projets; rédaction; approbation..........	C. T. P. 20 juin 1807; 20 juin et 10 novembre 1808; 10 et 26 juin 1809; 3 juillet 1812; 1er février 1817; 8 juin 1820; 21 février 1821; 16 novembre 1826; O. 10 mai 1829; Inst. T. P. 18 janvier 1836; 14 janvier 1850.	*Suite des ouvrages embrassant l'ensemble du service.* *Ecole des com.* Table duodécennale, Vis grande voirie et travaux publics. *Gillon et Stourm.* — Traité de la grande voirie. *Husson.* — Traité de la législation des travaux publics et de la voirie. *Isambert.* — Traité de la voirie. *Journ. des com.* Table vicennale, Vis travaux publics, voirie. *Ravinet.* — Code des ponts-et-chaussées. *Tarbé de Vauxclairs.* — Dictionnaire des travaux publics.
			Ouverture; classement; déclassement; redressements; enquêtes; expropriations et acquisitions amiables..................	D. 16 décembre 1811, art. 1 à 15; 7 janvier 1813; O. 12 décembre 1827; 28 février 1831; L. 21 avril 1832; O. 18 février, et C. T. P. 1er mars 1834; O. 15 et 28 février 1835; L. 3 mai 1841; 24 mai et O. 7 septembre 1842; C. T. P. 12 juin 1850; 23 juillet, 3 et 10 novembre 1851; 26 et 30 mars 1853.	*Ouvrages et documents spéciaux.* *Arm. Blanche.* — De l'expropriation pour cause d'utilité publique. *Debray.* — Manuel de l'expropriation pour cause d'utilité publique. *Delalleau.* — Traité de l'expropriation. *Desprez.* — Nouveau guide des expropriés pour cause d'utilité publique. *Gand.* — Traité général de l'expropriation pour cause d'utilité publique.
			Entretien; adjudications et marchés.......	Arr. G. 19 ventôse an XI; 13 brumaire an XII; C. T. P. 7 germinal an XIII; 20 juin 1807; 30 juillet et D. 16 décembre 1811, art. 28 à 37; C. T. P. 9 mai et 30 juin 1812; 15 février 1813; 31 juillet 1824; O. 18 janvier 1826; 10 mai, C. T. P. 15 juillet et 31 octobre 1829; O. 29 mai, et C. T. P. 1er octobre 1830; O. 23 mai et C. T. P. 12 octobre 1832; 23 et 31 août 1833; O. 4 décembre 1836; C. T. P. 23 août 1853.	
			Extraction de matériaux et occupation temporaire de terrains..................	L. 28 septembre, 6 octobre 1791, titre 1er, section 6; 16 septembre 1807, art. 55 et 56; D. 16 décembre 1811; Cod. F. art. 145, et O. 1er août 1827, art. 172, 173 et 175; C. T. P. 8 juin 1850; 24 octobre 1855.	*Ecole des com.* 1855, p. 154. *Journ. du droit adm.* 1853, p. 35, 130, 236. *Rev. adm.* 1848, p. 185.
			Plantations et bornage..................	L. 9 ventôse an XIII; D. 16 décembre 1811, art. 86 à 109; L. 12 mai 1825; C. T. P. 31 janvier et 9 août 1850; 17 juin 1851; 21 juin et 9 août 1852; 21 juin et 21 décembre 1853; 4 juillet 1854.	*Ecole des com.* 1854, p. 127. *Journ. des com.* 1853, p. 37.
			Curage et entretien des fossés..........	L. 12 mai 1825; C. T. P. 30 septembre 1826; 17 juillet 1827; O. 10 mai 1829; C. T. P. 30 juillet 1833.	*Rev. adm.* 1848, p. 185.
			Ponts suspendus et autres...............	C. T. P. 26 floréal an IV; 23 ventôse an VII; 13 août 1810; 24 mai 1830; 19 septembre 1851; 15 mai et 25 août 1852.	
			Alignements. — Plans généraux des traverses des villes, bourgs et villages..............	Inst. 13 thermidor an VI; C. T. P. 22 juin 1809; 3 août et 16 décembre 1833; L. 18 juillet 1837, art. 21; C. T. P. 24 octobre 1845; 27 décembre 1849; 14 janvier 1850; 20 août 1852; 22 novembre 1853.	*Bul. of.*, 1849, p. 443; 1850, p. 229. *Ecole des com.*, 1849, p. 146, 169, 197; 1850, p. 67. *Journ. des com.*, 1853, p. 397.
			Alignements. — Délivrance des align. et autorisations de réparer...	L. 7-11 septembre, art. 6, et 7-11 octobre 1790; 16 septembre 1807; 18 juillet 1837, art. 21; C. T. P. 18 mai et 30 octobre 1849; 11 février 1850; 18 novembre 1851.	
			Bâtiments menaçant ruine.............	L. 22 décembre 1789-janvier 1790, section 3, art. 2; 16-24 août suivant, titre XI, art. 3; 28 pluviôse an VIII, art. 3.	

V.	Grande voirie. — *Suite*.	2. Routes impér. — *Suite*.	Voitures publiques et police du roulage.	L. 30 mai, et C. T. P. 18 juin 1851; D. 10 avril, 10 août, et C. T. P. 25 août et 17 décembre 1852.	*Bul. of.*, 1852, p. 53; 1853, p. 115, 121, 388. *Écol. des com.*, 1854, p. 182. *Halivet.* — Manuel pour la mise à exécution de la loi sur la police du roulage.
			Contraventions en matière de grande voirie.	L. 29 floréal et Inst. 30 messidor an X; 15 frimaire an XI; C. F. 25 thermidor et C. T. P. 11 fructidor an XIII; 31 décembre 1808; D. 18 août 1810; 16 décembre 1811, titre IX; C. T. P. 14 août 1812; 8 août 1816; Inst. gén. F. 17 juin 1840; art. 799 à 801; L. 30 mai 1851: C. enreg. 17 décembre suivant; 7 novembre 1853.	
			Secours aux ouvriers des travaux publics en cas d'accidents.	Arr. min. 15 décembre 1848; C. T. P. 12 janvier 1850; 22 octobre 1851.	*Bul. of.*, 1852, p. 165.
			Statistique et comptabilité.	C. T. P. 6 et 10 juin, 13 juillet, 8 septembre et 23 décembre 1850; 5 mars, 4 juillet et 30 octobre 1851; 5 juin et 21 août 1852; 6 juin 1853; 11 janvier, 31 mars, 18 et 27 juillet, 19 août et 26 'écembre 1854; 9 mars 1855.	
		3. Routes départ.	Ouverture; classement; entretien; expropriations.	D. 16 décembre 1811, art. 15 à 28; C. T. P. 4 juillet 1812; D. 7 janvier 1813; O. 8 août 1821; C. T. P. 28 février 1828; O. 10 mai et C. T. P. 27 juillet 1829; L. 21 avril 1832; O. 18 février 1834; L. 20 mars 1835; 10 mai 1838, art. 4, 12, 17, 41 et 42; Règl. Int. 30 novembre 1840, art. 195 et 196; L. 3 mai et C. T. P. 25 juin 1841; 24 mai, et O. 7 septembre 1842; 3 décembre 1846; 14 janvier 1850; 16 décembre 1852; 30 mars 1853; C. enreg. 11 mai 1854.	
			Indemnités aux ingénieurs.	C. 12 juillet 1817; Règl. Int. 30 novembre 1840, art 197; C. 20 août 1846; D. 25 mars, art. 1er, tabl. A, no 16, et C 5 mai 1852.	
			Comptabilité.	C. 20 janvier et 23 septembre 1852; 10 janvier 1853; 12 janvier 1854. Pour le surplus du service, voir la législation des routes impériales.	*Bacqua de la Barthe.* — Législation des chemins de fer. *Cerclet.* — Code des chemins de fer. *Férand-Giraud.* — Législation des chemins de fer. *Gand.* — Traité de police et de la voirie des chemins de fer. *Journ. des com.* 1853, p. 109 et 180. *Journ. du droit adm.*, 1853, p. 207, 465, 529; 1854, p. 104, 209. *Nancy.* — Législation de police des chemins de fer. *Peignon.* — Traité juridique de la construction, de l'exploitation et de la police des chemins de fer. *Rebel et Juge.* — Traité théorique et pratique de la législation des chemins de fer. *Saint-Léon.* — Manuel pratique des chemins de fer.
		4. Chemins de fer.	Concessions et études préparatoires.	L. 11 juin, O. 22 juin et 15 août 1842; C. T. P. 19 et 20 mai 1843; L. 15 juillet 1845; Sénatus-consulte, 25 décembre 1852, art. 4.	
			Enquêtes et expropriations.	O. 18 février 1834; 15 février 1835; L. 3 mai 1841; C. T. 19 mai 1843; 22 mai 1847; 14 janvier 1850.	
			Adjudications de travaux.	O. 10 mai 1829, art. 9 à 20; 4 décembre 1836.	
			Surveillance administrative.	L. 15 juillet 1845, art. 73 à 81; 15 novembre, art. 82 à 89, et C. T. P. 31 décembre 1846; D. 29 juillet 1848; L. 27 février, art. 90 à 95, et Arr. min. 15 avril 1850; 8 avril 1851; D. 27 mars, et C. T. P. 26 juillet 1852; D. 22 février 1855	
		5. Lignes télégraphiques.		O. 24 août 1833; L. 29 novembre 1850; C. T. P. 8 avril et D. 27 décembre 1851; 10 janvier, 17 juin, et C. 25 novembre 1852; 1er juin 1854.	
VI.	Cours d'eau.	1. Navigables et flottables.	Déclaration de navigabilité et de flottabilité.	O. août 1669; L. 12 novembre 1790; D. 22 janvier 1808; O. 10 juillet 1835. — Cod. Nap. art. 538 et suivants.	*Ouvrages embrassant l'ensemble du service.* *Benoît-Batier.* — Traité des cours d'eau. *Bourguon de Loyre.* — Essai sur le régime général des eaux. *Daviel.* — Traité de la législation et de la pratique des cours d'eau. *Decomps.* — Manuel des propriétaires riverains.
			Canaux et travaux de canalisation.	L. 29 floréal an X; D. 10 avril 1812; O. 20 novembre 1814; Inst. T. P. 19 et 30 août 1822; 5 juin 1825; 20 mars 1830; 20 février et 24 octobre 1852; 20 janvier 1853; O. 18 février 1854; C. T. P. 30 avril 1856; L. 3 mai 1841; Sénatus-Consulte, 25 décembre 1852.	

VI.	Cours d'eau. — *Suite*.	1. Navigables et flottables. — *Suite*.	Chemins de hallage et francs-bords	Cod. Nap., art. 556 et 650 ; Arr. G. 13 nivôse et Inst. 24 pluviôse an v ; D. 22 janvier 1808 ; Arr. cas. 24 février 1827 ; C. T. P. 24 novembre 1828.	*Suite des ouvrages embrassant l'ensemble du service.* *G. Dufour.* — Police des eaux. *A. Dumont.* — De l'organisation légale des cours d'eau. *Garnier.* — Régime des rivières et cours d'eau. *Raymond-Bordeaux.* — De la législation des cours d'eau dans le droit français. *Rives.* — De la propriété des cours d'eau.
			Moulins et usines, patouillets, bocards et lavoirs à mines	Arr. G. 19 ventôse, Inst. 21 germinal et 19 thermidor an vi ; 9 pluviôse an vii ; L. 16 septembre 1807 ; projet d'Inst. T. P. 13 avril 1818 ; Inst. T. P. 16 novembre 1834 ; 23 octobre 1851 ; D. 25 mars art. 1er, tabl. A, nos 1 et 2, C. T. P. 20 février, 29 juillet et 16 octobre 1852.	*Ouvrages ou documents spéciaux.* *Journ. des com.*, 1853, p. 3. *Journ. du droit admin.*, 1853, p. 159 ; 1855, p. 481 à 493. *Nadault de Buffon.* — Des usines sur les cours d'eau. *Viollet.* — Essai pratique sur l'établissement et le contentieux des usines hydrauliques.
			Police des cours d'eau	L. 16-24 août 1790 ; Arr. G. 13 nivôse an v ; 19 ventôse an vi ; L. 29 floréal an x ; Arr. G. 8 prairial et 19 messidor an xi ; Inst. T. P. 13 septembre 1859.	
		2. Non navigables ni flottables.	Règlements d'eau	Cod. Nap., art. 645 ; L. 22 décembre 1789, 1er janvier 1790 ; 12-20 août et 16-24 août suivant ; 6 octobre 1791 ; 14 floréal an xi ; 16 septembre 1807 ; D. 25 mars, art. 4, tabl. D, et C. 5 mai 1852.	*Dogel.* — Mémoire sur la législation et la jurisprudence des cours d'eau non navigables et flottables. *Journ. des com.*, table vicennale, Vis cours d'eau.
			Curage	L. 14 floréal an xi ; C. 10 décembre 1837 ; 18 mars 1839 ; D. 25 mars, art. 1er, tabl. A, no 51, tabl. D et C. 5 mai 1852.	
			Moulins et usines	Av. cons. d'Et., 31 octobre 1817 ; voir, en outre, la législation applicable aux moulins et aux usines établis sur les cours d'eau navigables et flottables.	
			Irrigations	Cod. Nap., art. 644 et suivants ; Arr. G. 9 ventôse an vi ; L. 29 avril 1845 ; 11 juillet 1847 ; D. 25 mars, art. 4, tabl. D ; L. 10 juin 1854.	*Bertin.* — Code des irrigations. *Journ. des com.*, 1853, p. 76. *Journ. de droit admin.*, 1854, p. 125. *Nadault de Buffon.* — Traité pratique et théorique des irrigations.
		3. Bacs et bateaux		L. 6 frimaire, C. 15 pluviôse et 17 prairial an vii ; 28 prairial, L. 14 floréal et Inst. T. P. 20 fructidor an x ; Arr. G. 8 floréal et Inst. 19 prairial an xii ; 29 juin 1807 ; 17 et 25 octobre 1808 ; 17 octobre 1809 ; 17 août 1811 ; Av. cons. d'Et. 2 avril et 11 décembre 1829 ; C. 30 septembre 1832 ; C. F. 7 août, et C. T. P. 18 novembre 1833 ; 12 mars 1838 ; C. F. 28 décembre 1839 ; 22 janvier 1840 ; Inst. C. ind. 25 mai 1847 ; C. F. 28 avril 1852 ; 27 octobre 1853.	
VII.	Dessèchements et assèchements			L. 3 frimaire an vii, art. 65 ; 16 septembre 1807 ; D. 30 décembre 1811 ; Arr. cons. d'Et. 1er décembre 1819 ; C. 10 février 1820 ; Arr. cons. d'Et. 18 juillet 1821 ; 23 juin 1824 ; 5 août 1829 ; Inst. 9 septembre 1831 ; C. F. 5 mars 1840 ; L. 10 juin, et C. T. P. 21 septembre 1854 ; 20 janvier 1855.	*Ecole des com.*, 1845, p. 47 et 296 ; 1849 p. 233, 281, 509 ; 1850, p. 1. *Garnier.* — Commentaire sur la loi du 10 juin 1854. *Journ. des com.*, 1854, p. 57 et 217. *Leclerc.* — Traité du drainage. *Poterlet.* — Code des dessèchements. *Vitard.* — Manuel populaire de drainage.

				Textes	Ouvrages à consulter
VII.	Mines, minières, carrières et tourbières.	1. Mines	Ingénieurs des mines	D. 18 novembre 1810; Inst. dir. gén. des mines, 1er novembre 1814; C. P. et Ch. 28 juin 1820; O. 27 avril 1832; D. 24 décembre 1851; 10 mai 1854.	
			Recherche et découverte de mines	Cod. Nap., art. 552; L. 21 avril, art. 10 à 15, et Inst. D. gén. des mines, 3 août 1810; Arr. min. 7 octobre, et Inst. T. P. 5 novembre 1837.	
			Concessions	L. 5 pluviôse an IX; 21 avril, art. 13 à 32, et Inst. T. P. 3 août 1810; 23 mars, 17 août, 27 octobre, 5 novembre et 18 décembre 1812; 14 octobre 1814; 26 janvier 1815; 28 février 1819; 24 juillet et 30 novembre 1834; 20 et 29 septembre, Arr. min. 7 octobre et Inst. 31 octobre 1837; L. 27 avril, et C. T. P. 29 décembre 1838; 3 juillet 1843.	*Annales des mines.* *Barrier.* — Code des mines. *Blazier.* — Jurisprudence générale des mines. *Cotelle.* — Droit administratif appliqué aux travaux publics, tome 2. *Delebecque.* — Traité de la législation des mines, minières et carrières. *E. Dupont.* — Traité pratique de la jurisprudence des mines, minières, forges et carrières. *Locré.* — Législation sur les mines. *Peyret-Lallier.* — Traité sur la législation des mines. *Ravinet.* — Code des ponts-et-chaussées et des mines. *Richard.* — Législation française sur les mines.
			Exploitations : Enquêtes	C. T. P. 5 novembre 1812; O. 23 mai 1841; C. T. P. 10 mai 1843.	
			Exploitations : Syndicats	L. 27 avril 1838; O. 23 mai 1841.	
			Mines de sel gemme	L. 6 avril, et O. 20 août 1825; L. 17 juin 1840; O. 7 mars 1841.	
			Surveillance administrative	L. 21 avril, art. 47 et 51, et Inst. T. P. 3 août 1810; D. 3 janvier, C. T. P. 9 et 17 février 1813; 1er septembre 1814; 30 janvier 1837; O. 26 mars, et C. T. P. 10 mai 1843; D. 24 décembre 1851; 25 octobre 1852.	
		2. Minières, forges et usines		L. 21 avril, art. 57 à 81, et Inst. T. P. 3 août 1810; Arr. min. 4 février 1811; C. T. P. 30 juin 1819; Arr. min. 23 mars 1831; C. T. P. 16 novembre 1834; Arr. min. 9 août 1835; 20 juillet 1836; 12 et 30 juin, et Inst. T. P. 30 septembre, et 2 octobre 1837; 16 octobre 1852.	
		3. Carrières et tourbières		L. 21 avril, art. 3, 4, 81 à 86, Inst. T. P. 3 août, et D. 18 novembre 1810, art. 39; Inst. T. P. 1er septembre 1814; Régl. 22 mars, et 4 juillet 1813; 21 octobre 1814; Cod. F. art. 144 et 145; O. 1er août 1827, art. 169 et suivants; Régl. 15 février 1853.	
VIII.	Bâtiments civils de l'État.	Conseil général des bâtiments civils		Arr. min. 1er octobre 1812; Inst. 15 mai 1824; 24 mai et 22 juillet 1832; Arr. min. 15 avril 1838; 9 janvier 1840; 20 décembre 1841; mars 1848; Arr. min. 1er janvier, et D. 23 juin 1854.	
		Architectes		D. 10 février 1807; Régl. 18 octobre 1808; Arr. min. 18 juin 1812; C. 22 juillet 1816; 5 août 1828; Arr. min. 22 juillet 1832.	
		Études préparatoires, plans et devis		Inst. 13 vendémiaire an VIII; 18 juin et 22 octobre 1812; 28 juin 1813; 5 août 1828; 26 mars 1831; Arr. min. 22 juillet 1832; 15 avril 1838; Inst. T. P. 15 avril 1842; 1er février 1848.	
		Adjudications de travaux et marchés		Inst. 22 octobre 1812; 5 août 1828; O. 4 décembre 1836.	*Brunet-Debaines.* — Manuel de droit et de jurisprudence spéciale pour les architectes. *Fremy-Ligneville.* — Code des architectes. *P. Lepage.* — Lois des bâtiments. *Mivier.* — Code des architectes et des ouvriers en bâtiment. *Ferris.* — Code des constructions.
		Entretien ordinaire		Arr. min. 22 juillet 1832.	
		Mobilier, inventaire, récolement		O. 31 mai 1838, art. 162; voir, en outre, les règlements spéciaux à chaque ministère.	
IX.	Propriétés départ.	1. Bâtiments	Commissions consultatives	Inst. 26 décembre 1838.	
			Architectes départementaux	Inst. 26 décembre 1838; D. 25 mars, art. 5, nº 7, et C. 5 mai 1852.	
			Projets, plans et devis	Inst. 13 vendém. an VIII; 22 oct. 1812; D. 25 mars, art. 1er, tabl. A, nº 9, et C. 5 mai 1852.	
			Constructions, reconstructions, entretien et adjudications de travaux	Arr. min. 18 juin 1812; 22 juillet 1816; 5 août 1828; O. 4 décembre 1836; L. 10 mai, art. 4, 12, 17 et 32, et C. 9 janvier et 26 décembre 1838; 30 décembre 1841; 31 mars 1842; D. 25 mars, art. 1er, tabl. A, nº 10, et C. 5 mai 1852.	
			Baux à loyer	Décis. royale 16 octobre, et C. 22 octobre 1825, art. 1er, tabl. A, nº 4; D. 25 mars, et C. 5 mai 1852.	

X.	Propriétés départ. — *Suite*	1. Bâtiments. — *Suite*	Assurances contre l'incendie		D. 25 mars, art. 1er, tabl. A, n° 8, et C. 5 mai 1852.
			Mobilier	des préfectures et sous-préfectures	D. 25 mars 1811; L. 10 mai 1858, art. 12, n° 4; C. 13 et 1 août 1830, D. 7 août, et C. 9 août et 30 déc. 1841; 1er août 1844; D. 25 et 28 mars, 2 août, et Règl. 8 août 1852.
				des cours et tribunaux	L. 10 mai 1858, art. 12, n° 8; D. 20 juillet 1855; C. 28 janvier 1854.
				des asiles d'aliénés	L. 10 mai 1858, art. 12, n° .
				Inventaires et récolements	O. 17 décembre 1818, art. 4; 31 mai 1858, art. 162; C. 28 janvier 1854.
		2. Acquisitions, aliénations, échanges			L. 10 mai 1858, art. 4, n° 2; Règl. 30 novembre 1840, art. 403; C. 22 juillet 1843; D. 25 mars, art. 1er, tabl. A, n° 1, et C. 5 mai 1852.
		3. Dons et legs			L. 10 mai 1858, art. 7 et 31; D. 25 mars, art. 1er, tabl. A, nos 5 et 6, et C. 5 mai 1852.
		4. Actions judiciaires et transactions			L. 10 mai 1858, art. 4, 36, 37 et 38; D. 25 mars, et C. 5 mai 1352.
XI.	Service des édifices diocésains				C. C. 25 juillet, 12 décembre, et Arr. min. 16 décembre 1848; C. C. 26 février et 12 mars 1849; 15 novembre 1850; D. 7 mars, C. Inst. P. 15 avril, Arr. min. 20 mai, C. Inst. P. 21 juin, 1er août et 15 novembre 1853; 16 août 1855.
XII.	Jury d'expropriation. — Formation de la liste annuelle				L. 3 mai 1841, art. 29 à 48.

2e BUREAU. — Finances.

12e SECTION.

I.	Comptabilité générale.	1. Ministère d'État		O. 31 mai 1838; D. 25 juin 1854.	D. Audiffret. — Système financier de la France. Dormois. — Table alphabétique et analytique des matières contenues dans les circulaires de M. le directeur de la comptabilité des finances.
		2. — — de l'Intérieur		O. 31 mai 1838; Règl. 30 novembre 1840; O. 26 août 1844; L. 9 juin, Règl. 9 novembre, et C. 26 décembre 1853; 30 janvier et 21 octobre 1854.	
		3. — — de l'agric., du comm. et des Tr. p.	Agriculture et commerce	O. 31 mai 1838; 26 août et Règl. 3 décembre 1844; 1er février 1850; L. 9 juin, et Règl. 9 novembre 1853; C. A. 28 janvier et 8 mai 1854.	
			Travaux publics	Règl. 16 septembre 1845; 28 septembre 1849; 10 novembre 1851; L. 9 juin, et Règl. 9 novembre 1853; C. A. et T. P. 11 janvier, 31 mars, Règl. 29 avril 1854.	
		4. — — de la justice	Justice criminelle	D. 18 juin 1811; Règl. 28 décembre 1838.	
			Ordre judiciaire	O. 31 mai, Règl. et C. J. 28 décembre 1838; L. 9 juin, Règl. 9 novembre 1853; L. 3 mai, C. J. 5 mai, 2 et 12 juin 1854.	

I.	Comptabilité générale. — *Suite.*	5. Ministère de l'instr. publ. et des cultes…	Instruction publique	O. 31 mai 1838; Règl. 16 décembre 1841; L. 9 juin, Règl. 9 novembre, et C. Inst. P. 24 décembre 1833; Arr. min. 13 mars et C. 28 mars 1834.	
			Administration des cultes	O. 31 mai 1838; Règl. 31 décembre 1841; D. 11 août, et C. C. 31 octobre 1850; D. 28 juin, et C. C. 13 novembre 1853.	
		6. Ministère des finances		Arr. min. 9 octobre 1832; O. 31 mai 1838; Règl. 26 janvier 1846; L. 9 juin, Règl. 9 novembre 1853; C. F. 14 février 1854.	*H. de Monclous.* — De la comptabilité publique en France.
		7. ——— de la marine		O. 22 mai et Règl. 17 juillet 1816; C. M. 1er août et 5 septembre 1826; 4 mars 1831; O. 31 mai 1838, art. 568 à 659; Règl. 31 octobre 1840; O. 26 août 1844; Règl. 15 décembre 1845; 23 décembre 1847; 8 décembre 1849.	
II.	Comptabilité départementale.	1. Formation et vote du budget		L. 10 mai, art. 11 à 22, et O. 31 mai 1838, art. 406; C. 31 mars 1842; 9 juin 1843; 29 juillet 1853; 10 janvier, 15 mai, et 29 juillet 1854; L. annuelle des finances, et circulaires annuelles.	
		2. Recettes…	Centimes ordinaires et centimes additionnels facultatifs	L. 10 mai 1838; art. 10, nos 1 et 2; Inst. G. F. 17 juin 1840, art. 10, 696.	
			Produits éventuels	L. 10 mai 1838, art. 10, no 3 à 9, et art. 22; Inst. gén. F. 17 juin 1840, art. 398 à 405, 697; D. 25 mars, et C. 27 avril 1852; 10 décembre 1853.	
			Contingents spéciaux et communaux pour chemins vicinaux	C. 12 novembre 1847; Règl. préf. 1er octobre 1854, art. 243 et 246.	
			Impositions extraordinaires et emprunts	L. 10 mai 1838, art. 33 et 34; C. 10 septembre 1840; D. 25 mars, et C. 5 mai 1852; 1er octobre 1853, 15 janvier et 15 juin 1855.	
			Annexes et virements de crédits	L. 10 mai, art. 14 et 18, et O. 31 mai 1838, art. 410; Règl. Int. 30 novembre 1840, art. 180; C. 22 juillet 1842; D. 25 mars, et C. 27 avril 1852; 12 janvier et 11 décembre 1854.	*Berman.* — Traité d'administration départementale, chapitre VI.
			Budget de report	L. 10 mai 1838, art. 21; C. 29 juillet 1853; 15 mai 1854.	
		3. Recouvrement et ordonnancement des ressources		L. 10 mai 1838, art. 22; O. 31 mai 1838, art. 417; C. et Règl. Int. 30 novembre 1840, art. 206 et suivants; C. 12 janvier 1854.	
		4. Dépenses…	Ordinaires	L. 10 mai 1838, art. 12 à 16, 20, 21, 22 et 28; O. 31 mai 1838, art. 402, 404, 407 à 410; Règl. Int. 30 novembre 1840, art. 177 à 182.	
			Facultatives, extraordinaires et spéciales	L. 10 mai 1838, art. 5 et 4, 16 à 21, 33, 34; O. 31 mai 1838, art. 411, 412, 414; Règl. Int. 30 novembre 1840, art. 182, 183, 185 à 188.	
		5. Liquidation, mandatement et paiement des dépenses		L. 10 mai, art. 25, et O. 31 mai 1838, art. 421 à 423; C. et Règl. 30 novembre 1840, art. 98, 101; O. 4 juin 1843; D. 11 août 1838; C. 10 juin 1853.	
		6. Comptes départementaux		L. 10 mai 1838, art. 24 et 25; O. 31 mai 1838, art. 425; Règl. 30 novembre 1840, art. 213; O. 4 juin, C. 27 juin et 31 juillet 1843; 10 mai 1854.	
III.	Contrib. directes.	1. Administration centrale et directions départementales		L. 3 frimaire, et Inst. 22 frimaire an VIII; Arr. G. 19 ventôse, et Inst. 29 germinal an X; C. F. 18 juin 1817; O. 19 février 1823; 14 décembre 1825; C. F. 26 décembre 1826; Règl. 15 mars, et C. F. 17 mars 1827; 20 avril, et 10 mai 1828; Arr. min. 31 janvier 1834; C. F. 5 mars et L. 17 août 1835; 24 février 1838; O. 9 janvier, C. F. 26 février, et Arr. min. 11 mars 1841; C. F. 26 mai 1842; 7 septembre, C. F. et Arr. min. 9 décembre, O. 17 décembre, C. F. 23 décembre, et Arr. min. 30 décembre 1844; 28 et 29 mai, C. F. 7 et 9 août 1845; 17 décembre 1846; 14 décembre 1854.	*Ouvrages embrassant l'ensemble du service.* *Ambaud.* — Code des contributions directes. *Bayard.* — Nouveau manuel des contributions directes. *Bulletin* des contributions directes et du cadastre, recueil mensuel.

III.	Contrib. directes. — *Suite*	2. Agents de la perception.	Receveurs des finances		D. 4 janvier 1808 ; O. 31 mai 1838, art. 282 et suivants ; Inst. gén. F. 17 juin 1840, art. 403 à 441, 1084 à 1210.	*Suite des ouvrages embrassant l'ensemble du service.* *Code* des contributions directes et du cadastre, Paul Dupont, éditeur. *Dictionnaire* général des contributions directes, Paul Dupont, éditeur. *Fiquenel.* — Manuel des contributions directes *Gervais.* — Traité de l'administration des contributions directes. *Manuel* des aspirants au surnumérariat dans l'administration centrale des finances. *Recueil* des circulaires de l'administration des contributions directes. *Saurimont.* — Code des contributions directes. *Ouvrages et documents spéciaux.* *Fasquel.* — Code-Manuel des payeurs.
			Percepteurs	Nomination et attributions	L. 3 frimaire an VII, art. 124 ; Arr. G. 16 messidor an VIII ; O. 31 mai 1838, art. 324 à 330 ; 31 octobre 1839 ; Inst. gén. F. 17 juin 1840, art. 1038 à 1084 ; C. F. 9 janvier 1841 ; 28 juillet 1844 ; 30 avril 1845.	
				Cautionnements	L. 25 nivôse et 6 ventôse an XIII ; 28 avril 1816 ; C. F. 13 juillet 1823 ; O. 17 septembre 1837 ; Inst. gén. F. 17 juin 1840, art. 1051 à 1056, 1079 à 1084.	
				Remises	O. 17 avril et 23 mai 1839 ; C. 12 février, et Inst. gén. F. 17 juin 1840, art. 1062 à 1067 ; C. 25 juillet 1841 ; 20 avril 1843 ; Arr. min. 9 juin 1843.	
			Percepteurs surnuméraires		O. 31 octobre 1839, art. 2 à 5, et Arr. min. F. 3 novembre suivant ; Inst. gén. F. 17 juin 1840 ; art. 1039 à 1044, 1048 ; D. 25 mars 1852 ; Arr. min. F. 25 avril 1854.	
		3. Service de la trésorerie. — Payeur du Trésor			C. F. 20 août 1835 ; O. 31 mai 1838, art. 306 et suivants ; Inst. gén. F. 17 juin 1840, art. 338 à 393 ; C. F. 31 août 1843 ; 5 mai 1849.	
		4. Répartition et sous-répartition de l'impôt			L. 3 frimaire an VII, art. 25 et 26 ; Arr. G. 19 floréal an VIII ; C. 18 mai 1818 ; 20 mai 1827 ; 31 mars et 26 décembre 1836 ; 26 mai 1837 ; L. 10 mai, art. 1, 2, 40, 45 à 48, et C. 24 juillet 1838 ; 14 août 1839 ; 23 juillet 1840 ; 1er août 1843 ; 7 juillet 1846 ; L. annuelle des finances.	
		5. Répartiteurs			L. 3 frimaire an VII ; Arr. G. 19 floréal an VIII ; C. F. 25 février 1826 ; 20 octobre 1827 ; 3 février 1829 ; 30 janvier 1830 ; 27 août 1833 ; 17 mai et 12 septembre 1836 ; 15 janvier 1837 ; 16 mars 1839 ; 28 mars 1844.	
		6. Rôles	Formation des matrices et des rôles		Inst. gén. F. 17 juin 1740, art. 23 à 35 ; C. F. 27 février 1841 ; 19 mai 1843 ; 9 novembre 1846.	
			Rôles généraux		L. 2, 4 et 7 messidor an VII ; C. 22 décembre 1826 ; 25 juin et 29 novembre 1828 ; 21 et 24 septembre et 31 décembre 1829 ; 23 août 1830 ; 12 août 1833 ; 19 juin 1834 ; 25 septembre 1835 ; 18 septembre 1836 ; 24 et 29 août 1837 ; 26 février 1838 ; 13 et 14 septembre 1839 ; 25 août 1840 ; 1er septembre 1841 ; 31 août et 9 septembre 1844 ; 12 août 1845 ; 31 juillet 1846 ; 30 décembre 1847.	
			Rôles spéciaux	des prestations pour chemins vicinaux	L. 21 mai, Inst. 24 juin, et C. 12 septembre 1836 ; 17 mars, 7 avril, 27 juillet, 22 septembre 1837 ; 26 février et 15 juin 1838 ; 12 mars, 11 avril et 9 octobre 1839 ; Inst. gén. F. 17 juin 1840, art. 772 ; C. 5 mai 1841 ; Régl. préf. 1854, art. 57 à 83.	
				pour cotisations omises	L. 21 avril 1832, art. 28 ; C. F. 1er septembre 1834.	
				pour droits de vérification des poids et mesures	O. 18 décembre 1825 ; C. F. 14 mars 1826 ; 21 décembre 1832 ; 21 juin et 13 juillet 1833 ; 29 décembre 1836 ; O. 17 avril 1839 ; Inst. gén. F. 17 juin 1840, art. 222 à 235.	
				pour frais de bourses et chambres de commerce	L. 23 juillet 1820, art. 11, 13 à 17 : C. F. 20 août 1829, 15 janvier 1830 ; L. 14 juillet 1838 art. 4 ; 23 avril, art. 33, et C. F. 14 août 1844.	
				d'impositions pour insuffisance de revenus communaux	C. 10 juin 1827 ; 24 août 1837 ; 7 et 8 février 1838 ; Inst. gén. F. 17 juin 1840, art. 13 à 17, 806 à 808 ; C. 1er septembre 1846.	
				pour redevances de mines	L. 21 avril 1810 ; D. 6 mai, et C. 26 juin 1811 ; 28 juin 1820 ; 23 novembre 1828 ; 17 janvier 1830 ; 29 septembre 1831 ; 13 mars 1838 ; Inst. gén. F. 17 juin 1840, art. 200 à 222.	

III.	Contrib. directes. — *Suite.*	6. Rôles. — *Suite.*	Rôles spéciaux — *Suite.* supplémentaires des patentes	L. 25 avril, art. 25, et C. F. 14 août, et 28 septembre 1844; 27 février, 26 juillet et 14 décembre 1845.	*Ecole des com.* 1854, p. 24.
			Émission et publication des rôles généraux et spéciaux	L. 4 messidor an VII; Inst. F. 15 décembre 1826, art 80; C. F. 22 avril 1828; 12 et 24 mars 1856; 8 février et 21 mai 1858; Inst. gén. F. 17 juin 1840, art. 55 à 42; C. F. 51 août 1845; 11 mars 1845; 51 mars 1846.	
		7. Demandes	en décharge ou en réduction	L. 15 brumaire an VII, art. 12; Arr. G. 24 floréal an VIII; L. 15 septembre 1807, art. 37 et 38; 21 avril, art. 28, et Arr. min. 28 octobre 1852, art. 1er; C. F. 22 décembre 1856; Inst. G. F. 17 juin 1840, art. 94 à 97; C. F. 5 juin 1841; 4 mai 1844; 5 juillet 1845; résumé min. 10 mai 1849; C. F. 10 mai 1855; 23 février 1854.	*Bul. of.* 1854, p. 185.
			en remise ou modération	Arr. G 24 floréal an VIII; C. F. 22 décembre 1822; Inst. gén. F. 17 juin 1840, art. 93; C. F. 16 décembre 1844; Résumé min. F. 10 mai 1840.	*Ec. des com.* 1849, p. 209 et 232; 1855, p. 250.
			de secours pour pertes	Arr. G. 24 floréal an VIII, art. 24 et 26; L. 15 septembre 1807; C. F. 24 octobre 1821; 16 février 1828; 50 septembre 1851; 21 avril et 12 juillet 1852; 21 mai 1849; 26 juillet et 24 décembre 1850; 25 février 1851; 24 septembre 1852; 29 septembre 1855.	
		8. Cotes indûment imposées et cotes irrécouvrables		C. F. 27 décembre 1826; 14 août 1827; 6 août 1829; 51 mars 1851; 21 janvier et 17 mai 1856; Inst. gén. F. 17 juin 1840, art. 97 à 100; L. 5 juillet et C. F. 51 juillet 1846.	
		9. Recouvrements et poursuites		Arr. G. 16 thermidor an VIII; L. 21 avril 1852; Régl. 26 août 1856; 21 décembre 1839; Inst. gén. F. 17 juin 1840, art. 42 à 92, 500 à 507.	*Durieu.* — Poursuites en mat. de cont. dir.
		10. Cadastre. — Etablissement et conservation		L. 15 sept. 1807; 51 juillet 1821; Régl. 15 mars 1827; C. F. 17 sept. 1859; L. 7 août 1850.	*Delapollude.* — De l'application du cadastre. *Ecole des com.* 1846, p. 195, 215, 252.
		11. Mutations		Régl. 10 octobre 1821, art. 57 et 58; C. F. 4 avril 1828; 24 juillet 1852; 20 août 1855; 6 et 22 décembre 1856; 21 octobre 1840; 27 février et 29 mai 1841; 4 mai 1842; 12 et 19 mai, 2 décembre 1845; 16 septembre 1844; Inst. F. 9 novembre 1846; 20 janvier 1847; Arr. min. 5 août; C. F. 17 août et 18 décembre 1855.	
IV.	Enregistrement et domaines	Régie des biens de l'Etat		D. 28 octobre 1790; L. 19 août, 12 septembre 1791; 8 janvier 1793; Arr. G. 10 thermidor an IV; L. 22 frimaire an VII; 28 pluviôse an VIII, art. 5; 27 ventôse an IX; 5-14 floréal an X; D. 25 décembre 1810; O. 12 décembre 1827; L. 26 juillet 1829; O. 2 février 1850; Arr. min. 5 juillet, et Inst. 9 août 1854; C. enreg. nos 254, 522, 1022, 1055, 1067, 1175, 1270, 1508, 1590, 1567, 1655, 1642; Cod. Nap, art. 560.	*Championnière et Rigaud.* — Traité des droits d'enregistrement, de timbre et d'hypothèques. *Championnière, Rigaud et Paul Point.* — Supplément au Traité des droits d'enregistrement. *Code* de l'enregistrement. *Cuénot.* — Recueil des lois, arrêts et décisions en matière d'enregistrement. *Ecole des com.*, table duodécennal vo domaine. *Fessard.* — Dictionnaire de l'enregistrement et des domaines. *Flour de Saint-Genis.* — Manuel du surnuméraire de l'enregistrement et des domaines. *Journ.* de l'enregistrement. *Masson-Delongpré.* — Code annoté de l'enregistrement et *Manuel* de l'enregistrement. *Proudhon.* — Traité du domaine public. *Roland et Trouillet.* — Dictionnaire de l'enregistrement. *Warnier, Fessard et Dalloz.* — Répertoire de législation, vo domaine.
		Sequestres, mains-levées, successions et déshérences		L. 5-17 novembre 1790; 12 septembre, et D. 21 octobre 1791; C. enreg. 29 frimaire an V; L. 26 vendémiaire an VII; 15-16 floréal, et Inst. enreg. 6 messidor an X; Cod. Nap., art. 539, 723, 724, 767 à 771, 881 et suivants; Cod. Inst. crim., art. 244, 465 et suivants.	
		Ventes par adjudication, par concession ou par rétrocession des biens de l'Etat		L. 5 ventôse an XII; 16 septembre 1807; O. 14 janvier 1822; 4 juillet 1827; 22 mars 1855; L. 20 mai 1856; O. 11 décembre 1837; 31 mai 1838; L. 5 mai 1841; Inst. enreg. nos 215, 1497, 1323, 1660.	
		Ventes de mobiliers		L. 5 janvier 1795, art. 4; Arr. G. 25 nivôse et 22 brumaire an VI; O. 14 septembre 1822; 21 août 1854; 51 mai 1858; Régl. adm. cult 51 décembre 1841, art. 208; C. enreg. nos 927, 1153, 1157, 1220, 1420, 1444, 1499, 1597; Inst. 8 août 1859.	

V.	Eaux, bois et forêts.	1. Eaux.	Droit de pêche et régie de la pêche	L. 15 avril 1829, titres I et II; O. 10 juillet 1835.	*Baudrillart.* — Dictionnaire de pêches. *Brousse.* — Code de la pêche fluviale. *Dubreuil.* — Analyse raisonnée de la législation des eaux. *Jourdier.* — Traité de pisciculture. *Lamy.* — Idem. *Rémy* et *Haxo.* — Guide du pisciculteur.
			Adjudication du droit de pêche	L. 15 avril 1829, titre III, C. ponts et chaussées 24 octobre 1832; L. 6 juin, O. 28 octobre, et C. adm. F. 31 octobre 1840; 16 septembre 1830.	
			Conservation et police de la pêche	Arr. cons. d'Ét. 4 avril et 27 juin 1802; O. 16 janvier 1822; L. 15 avril 1829, titre IV; O. 15 novembre 1830; L. 6 juin 1840; O. 28 février 1842; C. adm. F. 24 septembre 1849; C. 19 janvier 1832.	
			Poursuites, peines et condamnations; exécution des jugements	L. 15 avril 1829, titre V, VI et VII.	
		2. Bois et forêts de l'État.	Administration forestière; organisation, personnel	Cod. F., titre Ier, art. 5 à 7; O. 1er août 1827, titre Ier; 10 mars 1831; 29 janvier 1841; 4 décembre et 17 décembre, et C. adm. F. 14 décembre 1844; 24 mars 1845; D. 25 mars, 28 avril, Arr. min. F. 29 avril et 3 mai 1852; D. 30 avril 1853.	*Annales forestières.* — Recueil mensuel. *D'Avannes.* — Des droits d'usage dans les bois de l'État et dans ceux des particuliers. *Baudrillard.* — Traité général des eaux et forêts. *Baudrillart, Herbin de Halle* et *Chevalier.* — Recueil chronologique des règlements forestiers. *Bories* et *Bonnassie.* — Du droit d'usage dans les forets. *Brousse.* — Code forestier. *Crinon* et *Vasserot.* — Guide des gardes forestiers. *Curasson.* — Le Code forestier conféré et mis en rapport avec la législation qui régit les différents propriétaires et usagers dans les bois. *Dupin.* — Code forestier. *Herbin de Halle.* — Code forestier. *Meaume.* — Bulletin administratif et judiciaire des annales forestières. *Meaume.* — Commentaire du Code forestier. *Noirot-Bonnet.* — Traité de l'aménagement des forêts. *Parade.* — Cours élémentaires de culture des bois. *De Salmon.* — Traité de l'aménagement des forêts.
			Délimitations; bornages	Cod. F., titre III, section 1re; O. 1er août 1827, titre II, section 1re; C. adm. F. 31 octobre 1828; 24 juin 1829; Décis. min. F. 27 janvier 1831, et 7 août 1834; C. F. 30 octobre 1834; C. adm. F. 12 novembre 1847; 17 septembre 1852.	
			Aménagements	Cod. F. titre III, section 2; O. 1er août 1827, titre II; C. adm. F. 16 décembre 1845.	
			Coupes ordinaires et extraordinaires; adjudications, exploitations, récolements	Cod. F. titre III, section 3 à 6; O. 1er août 1827, titre II, section 3 à 6; C. adm. F. 26 novembre 1823; 15 janvier 1828; 22 février 1837; Décis. min. F. 15 janvier, C. adm. F. 9 mai et 14 août 1840; 16 août 1841; 15 mars 1844; 31 juillet 1845; 27 mars 1846; 31 janvier 1848.	
			Glandée, panage, chablis, menus marchés	Cod. F., titre III, section 6; O. 1er août 1827, titre II, section 6; Décis. min. F. 16 octobre 1829; C. F. 26 mars, et O. 23 juin 1830; Décis. min. F. 11 octobre 1833; 9 février 1836; O. 15 septembre, et C. adm. F. 6 novembre 1838; Décis. min. F. 17 janvier 1840; C. adm. F. 9 mars 1842; O. 14 décembre 1844; 13 janvier 1847.	
			Droits d'usage; cantonnements, rachats	Cod. F. titre III, section 8; O. 1er août 1827, titre II, section 9; 11 février 1829; Arr. min. 4 mars 1830; O. 9 mars 1836; 5 septembre 1842; Arr. C. d'Ét. 15 décembre 1843; D. 12 avril, et C. adm. F. 22 mai 1854.	
			Régime forestier	L. 10 juin 1793; D. 9 brumaire an XIII; Av. cons. d'Ét. 29 mai 1808; Cod. F. titres I, IV, et V; O. 1er août 1827, titres III et IV; Lettre min. 28 novembre 1828; Décis. min. 27 mars 1830; O. 30 juillet 1840; Décis. min. 19 décembre, et Inst. adm. enreg. et dom. 24 décembre 1843.	
			Concessions; affectations, échanges; reboisements	Cod. F., titre III, sect. 7; O. 1er août 1827, titre II, sections 7 et 8; 4 décembre 1844.	
			Instances civiles, poursuites et réparations de délits et contraventions; peines et condamnations; exécution des jugements	L. 3 novembre 1790; 25 mars 1791; Arr. G. 10 thermidor an IV; L. 28 pluviôse an VIII; Décis. min. 16 mai 1821; Lettre min. 22 octobre 1823; Cod. F., titre XI, sections 1re 12, 13; O. 1er août 1827, titres X et XI.	
			Police et conservation	Cod. F., titre X; O. 1er août 1827, titre IX; Décis. min. 14 juillet, et C. adm. F. 5 août 1841.	
		3. Bois des particuliers	Gardes	Cod. F., titre VIII, art. 117; O. 1er août 1827, titre VII, art. 130.	

V.	Eaux, bois et forêts. — *Suite.*	5. Bois de particuliers.....	Défrichements..........................	Cod. F., titre XV; O. 1er août 1827, titre XII; Décis. min. F. 10 juillet 1850; C. adm. F. 2 juillet et 26 septembre 1832; 12 mars 1840; 6 décembre 1845; C. 31 juillet 1847; Décis. min. F. 18 septembre, et D. 29 septembre, et Décis. min. F. 14 décembre 1850; L. 7 juin 1855.	*Journ. des com.*, 1855, p. 221.
			Droits d'usage..........................	Cod. F., titre VIII, art. 118 à 122, O. 1er août 1827, titre VII, art. 151.	
			Poursuites; peines et condamnations; exécution des jugements..................	Cod. F., titre XI, section 2, titres XII et XIII.	
VI.	Contributions indirectes.	Administration centrale et directions. — Organisat. et personnel.		L. 5 ventôse an XII; D. 1er germinal an XIII; O. 17 décembre 1844; Arr. min. 30 janvier 1846; D. 27 décembre 1851; Arr. min. 19 janvier 1852; Décis. min. 24 octobre 1855.	*Adnet.* — Memento à l'usage des employés des contributions indirectes. *D'Agar.* — Traité du contentieux des contributions indirectes. *Biret.* — Manuel des contributions indirectes. *Dareste.* — Annales des contributions indirectes. *Dareste.* — Manuel des contributions indirectes. *Girard.* — Manuel des contributions indirectes. *Girard.* — Tableau des contraventions et des peines en matière de contributions indirectes. *Lançon.* — Guide des contribuables des contributions indirectes. *Littras.* — Manuel théorique et pratique à l'usage des employés des contributions indirectes. *Répertoire* des circulaires et instructions en usage dans l'administration des contributions indirectes. *Saillet* et *Olibo.* — Code des contributions indirectes. *Saillet* et *Olibo.* — Loi du 28 avril 1816, annotée.
		Receveurs buralistes..................................		L. 28 avril 1816, art. 154 et suivants; D. 25 mars, Arr. min. F. 5 mai, et C. F. 17 mai 1852.	
		Débitants de tabacs; nomination..........................		Arr. min. 16 septembre 1848; D. 25 mars; Arr. min. F. 5 mai, C. F. 17 mai 1852.	
		Entrepôts et débits de poudres..........................		O. 16 mars 1816; C. C. ind. 14 septembre 1825; Arr. min. F. 5 mai 1852.	
		Contraventions et transactions..........................		L. 22 frimaire an VII; 5 ventôse, et Arr. G. 5 germinal an XII; D. 1er germinal an XIII; L. 28 avril 1816; D. 16 mars 1815; C. C. ind. 29 mai 1852.	
VII.	Postes.........	Organisation administrative..............................		D. 8 novembre 1810; L. 21 avril 1832; C. F. 24 février, 22 et 28 avril, O. 21 juillet, et 17 décembre 1844; Arr. min. 10 juillet 1854; Décis. min. 31 mars 1855.	
		Facteurs ruraux; nomination..............................		C. postes 15 avril 1847; D. 25 mars, art. 5, nº 19, et Arr. min. F. 5 mai 1852.	*Annuaire des postes*, 1856.
		Tarifs, fr nchise et contre-seing..........................		O. 17 décembre 1844; C. postes, 12 février, 22 mars, C. 28 avril, 30 juin, 19 août, O. 27 novembre, et C. 12 décembre 1845; 3 janvier, et O. 16 mai 1847; D. 24 août 1848, art. 6; C. postes, 28 février 1853; L. 20 mai 1854; Inst. gén. postes, 1856.	*Journ. du droit adm.*, 1855, p. 306. *Manuel des franchises.* *Bul. of.*, 1850, p. 551.
		Contraventions et amendes..............................		Arr. G. 27 prairial an IX; O. 17 novembre 1844, art. 71 et suivants; Arr. min. 15 décembre, et C. postes 20 décembre 1848; L. 22 juin 1854, art. 20 à 25.	
VIII.	Services divers...	1. Caisses publ..	Surveillance et vérification..............	O. 9 décembre 1820; 8 décembre 1832; 8 mai 1853.	
			Enregistrement et visa des récépissés du Trésor................................	C. 10 décembre 1819; O. 8 décembre 1832, art. 1er; L. 24 avril, et O. 12 mai 1835; 31 mai 1838, art. 265 à 268.	

VIII.	Services divers...	2. Dette publique. — Contrôle des inscriptions départementales.	L. 28 floréal an VIII; D. 27 prairial an XI; 3 messidor an XII; O. 14 avril 1819; Arr. min. F. 26 février 1820; O. 8 décembre 1852; D. 9 novembre 1849.	*Dumesnil.* — Traité de la législation du Trésor public. *Journ. du droit adm.*, 1853, page 97.
		3. Pensions civiles....................................	Règl. 9 octobre 1852, chapitre II; L. 9 juin, Règl. 9 novembre 1853; Inst. gén. F. 14 février 1854.	*Dareste.* — Code de pensions civiles.
		4. Comptabilité de la caisse de retraites des employés de la préfect.	O. 4 mars 1830; C. 31 août 1841; D. 29 juillet 1853.	

NOTA.

A AJOUTER A LA LÉGISLATION DES SERVICES CI-APRÈS :

P. 15, nº III. Répertoire des actes administratifs. — C. enregt. 5 fructidor an XIII; C. F. 9 mai 1816; C. enregt. 15 mai 1817.

P. 16, nº V. Commissaire de police. — C. 8 février 1855; 13 et 15 janvier, 21 et 28 février, 5 mars 1856.

P. 17, nº V. Mercuriales. — C. 20 thermidor an X; 16 septembre et 16 juillet 1819; 8 avril 1824; C. A. 3 décembre 1847; 15 décembre 1848; 22 juin 1849; 2 septembre 1850.

P. 19, nº X. Prisons........
- Directeurs et gardiens. — Règl. 17 décembre 1844; 7 mars 1849; C. 4 février 1856.
- Régime économique. — Marchés. — O. 31 mai 1838, art. 55 et 56; Règl. Int. 30 novembre 1840, art. 35 et 36; C. 4 février 1856.

P. 19, nº X. Prisons. — *Suite.*
- Jeunes détenus. — Transfèrement. — C. 20 décembre 1855; 18 février 1856.
- Comptabilité-matières. — D. 26 décembre 1853; C. 31 janvier 1856.
- Condamnés libérés. — Transportation. — C. 22 janvier 1856.

P. 21, nº II. Sociétés savantes. — C. Inst. P. 10 janvier et 10 février 1856.

P. 34, nº III. Inhumations. — C. 10 mars 1856.

IIIe PARTIE.

TABLEAU DES ENVOIS PÉRIODIQUES.

NOTA. — On n'a indiqué dans le tableau ci-après que les envois périodiques non rappelés par des circulaires annuelles et spéciales.

OBJET DE L'ENVOI.	DESTINATION.	ÉPOQUE DE L'ENVOI.	INSTRUCTIONS QUI LE PRESCRIVENT.
1° ÉTATS HEBDOMADAIRES.			
Rapport sur la presse départementale	Ministère de l'intérieur	Tous les 8 jours	C. 10 juin 1854.
Etat de transmission des ouvrages du dépôt légal	Id.	Id.	C. 28 novembre 1849; 28 novembre 1850.
Tableau des mercuriales	Ministère de l'agriculture	Id.	C. A. 12 septembre 1848; 10 août 1849.
2° ÉTATS DE QUINZAINE.			
Etat des débits de boissons. — Demandes rejetées. — Fermetures prononcées	Ministère de l'intérieur	1er et 15 de chaque mois	C. 30 septembre 1854.
Etat des variations du prix du pain	Ministère de l'agriculture	Après chaque variation	C. A. 26 septembre 1853.
Tableau des mercuriales	Id.	1er et 5 de chaque mois	C. A. 16 mars, 12 septembre 1848, 22 juin 1849; 2 septembre 1850; 24 juillet 1851.
Relevé général des récépissés délivrés par le payeur du Trésor	Ministère des finances	Le 5 et le 18 de chaque mois	C. F. 10 décembre 1819.
3° ÉTATS MENSUELS.			
Etat des affaires en retard	Ministère de l'intérieur	Le 5 de chaque mois	C. 23 juin, 16 juillet 1852; 18 janvier, 11 mars, 14 juillet et 2 août 1853.
Etat des décès des anciens militaires pensionnés	Chancelier de la Légion-d'Honneur.	Id.	C. chancel. 7 septembre 1853.
Relevé des événements de police	Ministère de l'intérieur	Id.	C. 1er février 1834 ; 15 mars 1854.
Etat du mouvement des étrangers	Id.	Id.	C. 24 septembre 1823.
Etat des passeports délivrés avec secours de route	Id.	Id.	C. 25 octobre 1833.
Situation des dépenses du service des prisons	Id.	10 de chaque mois	C. 29 novembre 1855.
Situation des dépenses de transport et d'entretien des jeunes détenus, etc.	Id.	1er de chaque mois	C. 18 février 1856.
Etat nominatif des colporteurs autorisés	Id.	Id.	C. 27 avril 1855.
Etat des ouvrages estampillés	Id.	Id.	Id.
Etat des jugements et condamnations prononcés contre les instituteurs	Ministère de l'instruction publique	Le 5 de chaque mois	C. Inst. P. 10 janvier 1855.
Etat des versements à la caisse des retraites pour la vieillesse	Ministère des finances	Id.	C. F. 10 mai et 16 septembre 1851.

Etat des versements volontaires à la caisse de dotation de l'armée.................	Ministère des finances...........	Le 5 de chaque mois.... ...	C. F. 29 février 1856.
Tableau présentant la situation des affaires contentieuses portées devant le Conseil de préfecture.........	Ministère de l'agr. et des trav. publ.	Id.............	C. A. 30 août 1854.
Relevé général des récépissés délivrés par le receveur général des finances........	Ministère des finances............	Id.............	Inst. gén. F. 17 juin 1840, art. 1163.
Relevé du registre-contrôle des rentes...	Id..............	Id.............	O. 14 avril 1819.
Etat des pertes...	Ministère de l'agriculture.........	Le 10 de chaque mois.	C. A. 24 décembre 1850.
Etat de la dépense des réfugiés subventionnés................................	Ministère de l'intérieur...........	Id.............	Inst. 1er juin 1848, art 14.
Etat de situation des dépenses ressortissant au ministère de l'intérieur...........	Id..............	Id.............	Règl. 30 novembre 1840.
Id. de l'agriculture, du commerce et de travaux publics....	Ministère de l'agriculture, du commerce et des travaux publics.....	Id......	Règl. 3 déc. 1844 et 16 sept. 1843.
Etat de situation des dépenses ressortissant au ministère de l'instruction publique..	Ministère de l'instruction publique..	Id.............	Règl. 16 décembre 1841.
Id. des cultes....	Administration des cultes.........	Id.............	Règl. 31 décembre 1841.
Id. de la justice..	Ministère de la justice............	Id.............	Règl. 26 décembre 1838.
Id. des finances..	Ministère des finances............	Id.............	Règl. 26 janvier 1846.
Etat des dépenses du service des poids et mesures..............................	Ministère de l'agriculture.........	Id.	C. A. 28 janvier, et 28 février 1854.
Etat des émigrations à l'Etranger et en Algérie..................................	Ministère de l'intérieur...	Id.	C. 26 juin 1855.

4° ÉTATS TRIMESTRIELS.

Rapport sur la situation économique, morale et matérielle du département........	Ministère de l'intérieur...........	Le 5 du 1er mois du trimestre.	C. 29 novembre 1851; 30 novembre 1854.
Rapport statistique sur la presse départementale.............................	Id...............	Id.............	C. 16 avril 1852.
Etat des décès des légionnaires décorés de la médaille militaire..................	Ministère d'Etat.................	Id.............	C. min. d'Et. 24 octobre 1853.
Relevé des incendies...	Ministère de l'intérieur...........	Id.............	C. 20 mai 1836.
Etat des condamnés à l'emprisonnement..	Id.........	Id.............	C. 12 juillet 1844.
Etat numérique de la population des prisons..................................	Id...............	Id.............	C. 7 mars 1849.
Etat numérique des condamnés libérés.......	Id...............	Id.............	C. 17 août 1835.
Etat des imprimeurs et des libraires..	Id...............	Id.............	C. 7 janvier 1854.
Etat des établissements dangereux, insalubres ou incommodes..	Ministère de l'agric., du commerce.	Id	C. A. 15 décembre 1852.
Etat des contraventions à la loi sur le travail des enfants dans les manufactures.....	Id...............	Id.............	C. A. 13 octobre 1843.
Etat des sociétés de secours mutuels..	Ministère de l'intérieur...........	Id.............	C. 20 février 1854.
Etat des mutations survenues dans le personnel des maires et adjoints............	Id...............	Id.............	C. 8 juillet 1832.
Etat des gardes champêtres et des gardes forestiers des communes et des établissements de bienfaisance...	Id.	Id.............	C 5 août 1853.
Etat des dons et legs faits aux communes et aux établissements de bienfaisance, et dont l'acception a été autorisée par le préfet	Id...............	Id.............	C. juillet 1806.
Tableau indiquant l'origine et le prix des houilles consommées sur les principaux marchés du département................	Ministère de l'agriculture.........	Id.............	C. A. 18 février 1854.
Etat des frais de justice criminelle...................	Ministère de la justice............	Id.............	Décr. 18 juin 1811, art. 166.
Etat récapitulatif des virements opérés sur le budget départemental.............	Ministère de l'intérieur...........	Id......... ...	C. 27 avril 1852.
Situation des produits éventuels départementaux..............................	Id...............	Id.............	C. 9 décembre 1854.
Etat des sommes à payer aux pensionnaires de la préfecture.....................	Caisse des dépôts et consignations..	Le 20 du dern. mois du trim.	C. F. 31 août 1844.
Etat des produits extraordinaires destinés aux écoles normales primaires.........	Ministère de l'instruction publique..	Le 5 du 1er mois du trimestre.	Inst. gén. F. 17 juin 1840, art. 395.
Etat du montant des bourses et pensions des élèves qui doivent fréquenter les écoles normales primaires..	Id...............	Id.............	Id.

5° ÉTATS SEMESTRIELS.

Notices sur les commissaires de police	Ministère de l'intérieur	Le 15 du 1er mois du semestre.	C. 19 septembre 1853; 18 janvier et 17 avril 1854.
Etat des dons et legs faits aux établissements religieux	Administration des cultes	Id	C. C. 29 janvier 1831; 23 janvier 1855.
Etat de propositions de secours en faveur des établissements de bienfaisance	Ministère de l'intérieur	1er octobre et 1er février	C. 31 décembre 1852; 30 août 1853.
Etat de propositions de secours pour églises et presbytères	Administration des cultes	1er juin et 1er décembre	C. C. 1er août 1853.
Etat des cas de rage observés dans le département	Ministère de l'agriculture		12 mai 1852; 15 mars 1856.

6° ÉTATS ANNUELS.

Etat du poids des grains	Ministère de l'agriculture	En janvier	C. A. 11 décembre 1854.
Bordereau des augmentations ou des diminutions dans le nombre des objets mobiliers des bureaux de vérification	Id	Id	Régl. 29 avril 1854, art. 41.
Tableau final de la vérification périodique	Id	Id	C. A. 1er septembre 1844.
Compte-rendu des opérations des sociétés de secours mutuels	Ministère de l'intérieur	Id	C. 25 février, 23 décembre, et 30 décembre 1854.
Tableau indiquant l'état des routes départementales au 31 décembre	Ministère de l'agriculture, du commerce et des travaux publics	1re quinzaine de janvier	C. T. P. 23 novembre 1854.
Relevé des accidents de toute nature arrivés aux ouvriers des travaux publics	Id	En janvier	Arr. min. 15 décembre 1848.
Etat des visites des ponts suspendus établis par voie de concession de péage	Id	Id	C. T. P. 30 septembre 1849.
Relevé des accidents arrivés dans les exploitations minéralogiques	Id	Id	C. T. P. 12 septembre 1839; 30 janvier 1845; 21 février 1850.
Etat des procès-verbaux dressés pour visites de mines	Id	Id	C. T. P. 1er décembre 1853.
Etat des visites des ponts communaux suspendus	Ministère de l'intérieur	Id	C. 14 juin 1850.
Situation, au 31 décembre, des emprunts et impositions extraordinaires des communes	Id	Id	C. 15 mai 1818; 13 juin et 18 juill. 1836.
Etat du personnel des agents-voyers	Ministère de l'agriculture, du commerce et des travaux publics	En mars	C. T. P. 25 novembre 1848.
Etat des amendes de chasse	Ministère de l'intérieur	30 mars	C. 20 mai 1844; 7 juin 1847.
Etat du mouvement des aliénés indigents	Id	Id	C. 17 novembre 1854.
Etat du mouvement des enfants assistés	Id	Id	C. 15 novembre 1847; 7 août 1855.
Etat des dépenses faites pour travaux sur les routes	Ministère de l'agriculture, du commerce et des travaux publics	30 mars	C. T. P. 7 mars 1854.
Etat du mouvement des dispensés	Ministère de la guerre	1er avril	C. G. 18 mai 1840; 24 avril 1849.
Etat des vaccinations	Ministère de l'agriculture	En avril	C. A. 6 février 1855.
Situation définitive des crédits et des dépenses du service des routes	Ministère de l'agriculture, du commerce et des travaux publics	Fin d'exercice	Régl. 28 septembre 1849.
Etat des moyens de transport et secours de route	Ministère de l'intérieur	Id	C. 18 avril 1840.
Compte-rendu des opérations des caisses d'épargne	Ministère de l'agriculture	1re quinzaine de mai	C. A. 24 et 26 décembre 1853; 20 février 1856.
Etat de propositions pour les impositions et emprunts des communes	Ministère de l'intérieur	En juin	C. 27 mars 1837; 30 avril 1841.
Situation des opérations de la vérification des instruments de pesage	Ministère de l'agriculture	En juillet	C. A. 24 mai 1832.
Etat contrôle des réfugiés étrangers subventionnés	Ministère de l'intérieur	1er octobre	Régl. 1er juin 1848, art. 15.
Etat de la production du sel marin	Ministère de l'agriculture	Id	C. T. P. 16 mai 1854.

Arrêté concernant la concession du privilège des annonces judiciaires	Ministère de l'intérieur	En novembre	C. 27 décembre 1852.
Projet d'itinéraire des vérificateurs des poids et mesures	Ministère de l'agriculture	Id.	O. 17 avril, art. 27 et 50, et C. A. 30 août 1839.
Etat des propositions d'avancement pour les conducteurs et agents inférieurs des ponts-et-chaussées	Ministère de l'agriculture, du commerce et des travaux publics	Id.	C. T. P. 31 août 1853.
Etat nominatif des conducteurs et agents inférieurs des ponts-et-chaussées	Id.	Id.	C. T. P. 10 novembre 1854.
Arrêté réglant les frais de gîte et de geôlage des militaires escortés	Ministère de la guerre	En décembre	C. G. 15 mars 1832.
Liste supplémentaire des médecins, sages-femmes, etc	Ministère de l'instruction publique	30 décembre	C. Inst. p. 20 juin 1840; 25 janv. 1847.
Liste supplémentaire des vétérinaires brevetés	Ministère de l'agriculture	Id.	C. A. 17 juillet 1837; 7 avril 1841.
Relevé des noms des jurés, par profession	Ministère de la justice	Id.	C. Just. 11 mai 1850.
Etat collectif des demandes de secours en faveur des anciens instituteurs et institutrices	Ministère de l'instruction publique	En décembre	C. Inst. P. 15 février 1855.
Copie du règlement des frais de transport et de séjour provisoire et du prix de pension des aliénés	Ministère de l'intérieur	Id.	C. 5 mai 1852; 25 janvier 1856.

TABLE ALPHABÉTIQUE

DES SERVICES ADMINISTRATIFS.

(Modèle n° 1er.)

PRÉFECTURE DE LA HAUTE-LOIRE.

REGISTRE MATRICULE DES EMPLOYÉS.

(Règlement du 25 avril, art. 9.)

M.

Né le à département d

Services antérieurs à l'entrée de la Préfecture.

Services à la Préfecture.

Nommé le 185 , chef de bureau aux appointements de •

(Modèle n° 2.)

N° 1er du registre matricule.

COMMISSION.

(Règlement du 25 avril 1853, article 10.)

En exécution de l'article 9 de l'arrêté réglementaire des bureaux de la Préfecture, en date du 25 avril 1853,

Le PRÉFET de la Haute-Loire délivre à M.

Né le 185 , à département d

la présente commission d

Les services antérieurs de M. , tels qu'ils sont inscrits d'autre part, sont conformes au registre matricule des employés de la Préfecture.

Au Puy, le 185 .

Par le Préfet :

Le Conseiller de préfecture, Secrétaire-général,

Le Préfet de la Haute-Loire,

Services antérieurs.

(Modèle n° 3.)

DÉPENSES DU PERSONNEL DES BUREAUX.

(Règlement du 25 avril 1855.)

ETAT des sommes acquises aux employés de la Préfecture du département de la Haute-Loire, pour leur traitement pendant le mois d 185 .

NOMS ET PRÉNOMS des EMPLOYÉS.	QUALITÉS.	TRAITEMENT		RETENUE			GRATIFICATIONS.	NET A PAYER A CHAQUE EMPLOYÉ pour traitement.	EMARGEMENT.
		annuel.	par mois.	proportionnelle de 5 pour 100 pour la caisse des retraites.	du 1er douzième de tout nouveau traitem. ou des augmentations de traitement.	TOTAL des retenues pour la caisse des retraites.			
TOTAL...........									

Arrêté par nous, Préfet de la Haute-Loire.

Au Puy, le

(Modèle n° 4).

BORDEREAU DE TRANSMISSION.

(Règlement du 25 avril 1853, art. 20.)

Préfecture de la Haute-Loire. — Secrétariat général. — Extrait du registre d'arrivée. — Courrier du 185 .

Nos d'ordre du secrét. général.	DATE de la DÉPÊCHE.	FONCTIONNAIRE ou personne de qui elle émane.	ANALYSE SOMMAIRE DE LA DÉPÊCHE.	NOMBRE de pièces jointes.	DIVISIONS et bureaux auxquels elle ressortit.	N° d'ordre de la réponse au registre de départ	SUITES DONNÉES A LA DÉPÊCHE. (Cette colonne est remplie dans le bureau au fur et à mesure de l'expédition des affaires.)	NOMBRE DE JOURS qu'a demandés l'expédition de chaque affaire.

(Modèle n° 5.)

(Règlement du 25 avril 1853, art. 20.)

Préfecture de la Haute-Loire. — Secrétariat général. — Registre d'arrivée. — Courrier du 185 .

Nos d'ordre du secrét. général.	DATE de la DÉPÊCHE.	FONCTIONNAIRE ou personne de qui elle émane.	ANALYSE SOMMAIRE DE LA DÉPÊCHE.	NOMBRE de pièces jointes.	DIVISIONS et bureaux auxquels elle ressortit	N° d'ordre de la réponse au registre de départ.	SUITES DONNÉES A LA DEPÊCHE.	NOMBRE DE JOURS qu'a demandés l'expédition de chaque affaire.

(Modèle n° 6.)

(Règlement du 25 avril 1853, art. 20.)

Préfecture de la Haute-Loire. — Secrétariat général. — Registre de départ. — Courrier du 185 .

Nos d'ordre du secrét. général.	DATE de la DÉPÊCHE.	FONCTIONNAIRE ou personne de qui elle émane.	ANALYSE SOMMAIRE DE LA DÉPÊCHE.	NOMBRE de pièces jointes.	DIVISIONS et bureaux auxquels elle ressortit.	N° d'ordre de la dépêche répondue au registre d'arrivée.	OBSERVATIONS.	AFFAIRES terminées. A. T. Réponse provisoire ou d'instruction. R. P.

(Modèle n° 7.)

CARNET DES AFFAIRES EN RETARD OU EN COURS D'INSTRUCTION.

(Règlement du 23 avril 1853, art. 32.)

Nos d'ordre des affaires en retard.	DIVISION et bureau.	MOTIFS DU RETARD DONNÉS PAR LE BUREAU.	OBSERVATIONS DU PRÉFET ou DU SECRÉTAIRE GÉNÉRAL.

(Modèle n° 8.)

PROJETS DE LETTRES.

(Règlement du 23 avril 1853, art. 36.)

PRÉFECTURE DE LA HAUTE-LOIRE.

DIVISION. — BUREAU.

N° d'enregistrement au Secrétariat général.

OBJET :

Au Puy, le 185 .

(MODÈLE N° 9.)

TABLEAU DES COMMUNES DU DÉPARTEMENT DE LA HAUTE-LOIRE.

(Règlement du 25 avril 1853, art. 40.)

COMMUNES.	*Arrondissement du Puy. — 14 cantons. — 112 communes. — Population, 131,666 habitants.*
Allègre.	
Allègre........................	
Céaux-d'Allègre................	
Fix-Saint-Geneys...............	
Saint-Just-près-Chomelix........	
Monlet.........................	
Varennes-Saint-Honorat..........	
Vernassal......................	
Cayres.	
Alleyras.......................	

(MODÈLE N° 10.)

PRÉFECTURE DE LA HAUTE-LOIRE.

BORDEREAU DES IMPRIMÉS.

(Règlement du 25 avril 1853, article 47.)

N°s D'ORDRE.	TITRE DES IMPRIMÉS.	INVENTAIRE DES IMPRIMÉS.		INDICATIONS successives des dates des éditions nouvelles de chaque imprimé et des quantités demandées à l'imprimeur.		OBSERVATIONS.
		Date de l'inv.	Quantités.	Date des édit. nouv.	Quantités demand	

(MODÈLE N° XI.)

CADERNES ET SOUS-CADERNES ANALYTIQUES.

(Règlement du 25 avril 1853, art. 48.)

DOSSIER N°

Carton n°

PRÉFECTURE DE LA HAUTE-LOIRE.

DIVISION. — BUREAU.

SOMMAIRE DE L'AFFAIRE.

www.ingramcontent.com/pod-product-compliance
Ingram Content Group UK Ltd.
Pitfield, Milton Keynes, MK11 3LW, UK
UKHW021313190726
13839UKWH00007B/1210

9 782329 497907